本书的出版得到以下基金项目资助：
河南省哲学社会科学规划项目（2020CSH034）
河南省高等学校重点科研项目（21A630036）
河南省教育科学"十三五"课题（2020YB0091）
河南省高校哲学社会科学基础研究重大项目（2023-JCZD-21）
郑州轻工业大学博士科研基金　0187-13501050028）
郑州轻工业大学2022年度省属高校基本科研业务费专项计划（哲学社会科学类）0187-16601000449）
郑州轻工业大学社会发展研究中心专项经费（0187-12005090001）

EFFECT OF
PLACE OF BIRTH
AND
EDUCATION
ATTAINMENT

出生地效应与教育获得

孙亚梅 著

社会科学文献出版社
SOCIAL SCIENCES ACADEMIC PRESS (CHINA)

前　言

改革开放四十多年来，中国经济社会发展成就显著，但在发展的同时也出现了明显的地域发展差异。本书提出"地域层级"的概念，指不同地域因社会资源富集程度不同而产生的层级分化或差异现象。本书聚焦于影响获得高等教育机会的出生地效应，分析了地域层级对获得高等教育机会的影响。

为理解地域层级分化的形成过程，本书回顾了中华人民共和国成立初期、改革开放初期和 20 世纪末以来的地域发展差异，在纵向比较中分析中国当前地域层级分化的特点，指出中国地域层级分化具有特殊性，体现为"政治经济社会区域体"之间的综合性分化，其本质是社会资源基于地域的差异化分配。

基于中国地域层级分化的社会现实，本书划分出六个地域层级，并发展出大学生获得高等教育机会的出生地效应、大城市就学机会和大城市就业机会三个概念，以此论证地域层级对获得高等教育机会的影响。本书关注高等教育的起点和结果，并从地域层级的角度审视大学生在获得优质高等教育入学机会、大城市就学机会和大城市就业机会方面的差异，从高等教育机会的角度分析大学生的出生地对其就学地、就业地选择的影响。

研究的核心假设是，除家庭背景外，出生地是影响高等教育机会的另一个因素。围绕核心假设，本书分别提出就学地选择、优质高等教育入学机会、大城市就学机会、大城市就业机会四个具体研究问题，并基于全国大学生抽样调查数据和访谈资料展开分析。

本书证明了出生地对获得高等教育机会存在影响。第一，出生地影响大学生对各就学影响因素的重视程度。第二，在优质高等教育入学机会方面，出生地是除家庭背景外，形成高等教育起点差异的原因之一。第三，在大城市就学机会方面，相较于家庭背景，出生地效应更能解释大城市就学机会的差异化分布。第四，在大城市就业意愿和机会方面，家庭背景优势和出生地优势具有传递性的特点，家庭背景优势和出生地优势通过影响大学生高等教育就学地，间接影响其就业地偏好。总的来看，对个人而言，出生地层级越高，越有可能上重点大学和在大城市就学与就业，这说明个人的出生地优势通过高等教育的起点和结果，实现了优势再生产；对城市而言，地域层级优势越大、高校资源越多、职业机会越多，越能吸引大学生前来就学和就业，进而实现地域优势的再生产。即地域层级影响高等教育机会，通过大学生的就学、就业过程，参与地域层级的优势再生产过程。

出生地对教育获得的影响，是地域层级影响社会资源分配的一个方面。地域层级反映社会资源基于地域的差异化分配，是理解中国社会结构的重要视角。在论证出生地层级与高等教育机会关系的基础上，本书从政府、市场、社会角度出发，在理论层面分析了形成地域层级分化格局的制度性原因。研究发现，行政等级和财税体制导致不同地域的发展权差异，从而将行政优势转化为市场要素优势和社会资源优势；经过市场的累积效应和社会领域的强化作用，地域分层格局得以形成。行政主导、市场累积和社会强化是地域层级的形成机制。本书从发展的角度对地域层级分化做出评价，指出地域层级分化成为目前中国城市结构分化的重要方面，是在中国高速发展进程中与特定发展阶段相对应的地域发展形态。随着国家对区域差异问题的重视，以及新型城镇化过程中城市发展规律的自发调节作用，地域层级分化及由此引发的资源分配差异将逐渐缓解。中国已经逐渐形成了不同区域、类型、层次的城市群，它们是我国新型城镇化的主体形态和重要引擎。城市群的发展有利于调整地域层级分化带来的资源差异化分布，使人口和资源的布局更加合理、高效。

就教育事业而言，对高等教育机会的关注应着眼前端，保证基础教育的平衡发展。在无法均衡基础教育资源的现实条件下，应当通过补偿性政策弥补落后地区学生的教育机会弱势。本书指出地域层级因素对教育机会的影响，为改善教育公平和社会公平的政策提供了有益参考。有效地解决地域层级分化带来的地域发展差异，消除社会成员的生活机会差异，在地域层级格局作用日益显著的现实情况下保证社会资源合理分配，是中国社会需要着力解决的问题。改善地域之间的层级分化，将有利于促进教育公平，有利于构建更加公平、开放、流动的社会。

目 录

第一章 导论 ·· 001
 第一节 问题的提出 ······························ 001
 第二节 理论及实证研究 ·························· 007
 第三节 研究设计 ································ 024
 第四节 核心概念界定 ···························· 029
 第五节 研究方法 ································ 040
 第六节 研究创新及不足 ·························· 052
 第七节 篇章设置 ································ 055

第二章 地域层级：基于地域的综合性分化 ············ 058
 第一节 当前中国地域层级分化的具体表现 ·········· 058
 第二节 中华人民共和国成立以来的地域分化 ········ 066
 第三节 本章小结 ································ 075

第三章 去哪上大学？
   ——出生地对高等教育就学地选择的影响 ········ 077
 第一节 研究问题与分析方法 ······················ 077
 第二节 影响主体 ································ 080

第三节　高等教育动机 …………………………………… 087
第四节　对城市的选择 …………………………………… 095
第五节　对学校的选择 …………………………………… 101
第六节　本章小结 ………………………………………… 109

第四章　谁在好大学上学？
——出生地对优质高等教育入学机会的影响 …… 112
第一节　研究问题与分析方法 …………………………… 112
第二节　变量描述与初步分析 …………………………… 113
第三节　家庭背景、出生地与优质高等教育入学机会 … 118
第四节　优质高等教育入学机会的 logit 模型 ………… 122
第五节　本章小结 ………………………………………… 129

第五章　谁在大城市上学？
——出生地对就学地选择的影响 ………………… 131
第一节　研究问题与分析方法 …………………………… 131
第二节　变量描述与初步分析 …………………………… 133
第三节　家庭背景、出生地与大城市就学机会 ………… 134
第四节　就学地层级的 ologit 模型 ……………………… 138
第五节　案例分析：如何选择就学城市 ………………… 143
第六节　制度因素的制约 ………………………………… 151
第七节　家庭因素的影响 ………………………………… 153
第八节　文化角度的考量 ………………………………… 155
第九节　个人期盼的差异 ………………………………… 156
第十节　本章小结 ………………………………………… 158

第六章 谁（想）去大城市就业？
——出生地对就业地选择的影响 ………… 160
第一节 研究问题与分析方法 ………… 160
第二节 变量描述与初步分析 ………… 162
第三节 家庭背景、出生地、院校地与大城市就业
意向的关系 ………… 165
第四节 意向就业地层级的 ologit 模型 ………… 169
第五节 案例分析：家还是远方 ………… 175
第六节 文化场域的"家" ………… 189
第七节 经济场域的"家" ………… 191
第八节 社会场域的"家" ………… 194
第九节 本章小结 ………… 196

第七章 地域层级与高等教育：总结与分析 ………… 199
第一节 双重优势再生产：地域层级与高等教育的
关系 ………… 199
第二节 行政主导、市场累积、社会强化：地域
层级的形成 ………… 204
第三节 效率与公平：地域层级的社会评价 ………… 216
第四节 本章小结 ………… 218

第八章 结论 ………… 220

参考文献 ………… 226

附录 A	调查问卷	251
附录 B	访谈提纲	260
附录 C	访谈对象信息汇总	267
后　记		270

第一章 导论

第一节 问题的提出

一 中国高等教育事业的转型发展

习近平总书记在党的二十大报告中指出:"教育、科技、人才是全面建设社会主义现代化国家的基础性、战略性支撑。""坚持以人民为中心发展教育,加快建设高质量教育体系,发展素质教育,促进教育公平。"高等教育为我国高层次人才培养提供了重要的战略支撑,实现高等教育高质量发展是建设高质量教育体系的必要组成部分。

党中央、国务院历来高度重视高等教育事业,改革开放以来,尤其是1999年我国高校大规模扩招以来,我国高等教育规模持续扩大,高等教育体系不断完善。进入21世纪,高等教育事业不断取得历史性成就,大幅增加了国民接受高等教育的机会。我国普通高等教育本科、专科在校生规模由2000年的556.09万人,快速增长到2019年的3026.67万人,十九年的年均增长率超过20%。仅2019年一年,全国就招收普通高校本科生、专科生914.9万人,各类高等教育在学总人数达到4002万人，较2018年有明显增幅（教育部，2020）。2019年，全国高等教育毛入学率达到51.6%，即在中国18~22岁的青年人中，超过一半的人正在接受高等教育。根据高等教育发展阶段论，高等教育中属于精英化教育阶段的对应毛入学率应在15%以下；属于教育大众化阶段的对应毛入学率应为15%~50%；属于高等教育普及化阶段的对应毛入学率应超过50%（潘懋元、谢作栩，2001）。按照这一划分标准，中国高等教育在大规模扩招之后快速的由精英化教育阶段迈过教育大众化阶段，进入教育普及化阶段。随着高等教育事业持续发展、入学规模持续扩大，中国的教育事业已经达到高等教育普及化标准，高等教育事业实现跨越式发展，进入当前的内涵式发展新阶段。

中国高等教育事业的迅速转型是嵌入中国社会深刻变革之中的，其本身也是中国社会持续推进改革的一部分。高等教育的发展使中国一跃成为教育大国，为国家的经济社会发展提供了关键的人才支撑，这是高等教育改革为国家经济社会发展做出的重要贡献。也应看到，高等教育在大规模扩招的同时，产生了高等教育资源的区域分布不均衡、获得高等教育机会的人群分布不均衡、高等教育文凭贬值、大学生就业难等结构性问题。与高等教育相关的大学生就学、就业问题关系到青年人未来的人生走向，也关系到一个地区的发展前景，成为当今时代不容忽视的社会问题之一。大学生就学、就业问题关系国计民生，关系千家万户，值得学者持续予以关注。

二　大学生的地域流向与人才新政

在有关大学生的诸多议题中，教育获得与高等教育引发的大学生地域流动的议题成为社会公众和学者关注的热点（Sun et al.，2020；岳昌君，2021a；李春玲，2020b；岳昌君、夏洁、邱文琪，2020；赵毅博，2019）。由于高等教育资源区域分布的特点，个人获得某一个高等教育机会，往往意味着其要面临就学及就业的地域流动。已有研究指出，自高校扩招以来，中国每年有数百万大学新生跨省就学（刘昊、潘昆峰，2016），在该地上大学又会显著增加其留在该地就业的概率。

大学生对就学地和就业地的选择，不仅关系着大学生自身的成长和发展，还影响着一个地区的活力和未来的发展。大学生对就学地的选择既是对高校的选择，也是对城市和地区的选择；同样地，大学生对就业地的选择既是对职业的选择，也是对城市和地区的选择。青年群体可以为地区的发展提供充足的人力资源，为经济增长提供新动力。大学生作为高素质劳动力，更容易在现代社会分工中找到合适的位置，且可塑性强，能够快速适应改革浪潮。大学毕业生大多处于青年阶段，是住房刚需群体，购买能力和消费潜力较高，是拉动经济发展的潜力群体。有研究表明，大学生的聚集具有人口增长效应，一个地区中具有大学文化程度的成年人口比例与该地区未来人口增长显著相关（何仲禹、翟国方，2015）。高等教育回报不仅能影响接受教育的个人，还能对地区产生影响。这也是各地出台新的人才政策，大部分面向接受过高等教育的青年群体，且不遗余力地吸引大学生、留住大学生的原因之一。

进入知识经济时代，青年人才政策成为各地政府的重要施政内容。对于一个地区而言，大学生意味着高素质青年人才，吸引青年人才流入意味着为地区发展积蓄力量。2017年初，湖北武汉市提出"五年留下百万大学生"的计划，并提出零门槛落户、年薪保底、住房保障三项重量级政策优惠。随后，西安、郑州、杭州等城市陆续发布针对高层次人才和大学毕业生的就业创业优惠政策，政策包括降低或取消落户门槛，提供购房、租房补贴，提供人才公寓、各类生活补贴等，甚至有面试补贴、免费旅游等细节举措，"人才争夺战"进入白热化阶段。在2021年召开的中央人才工作会议上，习近平总书记要求，深入实施新时代人才强国战略，全方位培养、引进、用好人才，加快建设世界重要人才中心和创新高地（新华社，2021）。各地继续积极推进新时代人才工作，相继出台各项人才新政，向包括大学生在内的重点人群抛出橄榄枝。

应该注意的是，政策只是影响大学生选择就业地的一个方面。诸多对大学毕业生的调查显示，大学生在选择就业城市时，更看重收入水平、工作与生活压力、社会资源与公共服务、生活便利性与丰富性等因素。另外，大学生就业地的选择不是一个独立事件，还受个人前期经历和就学地的影响。有研究表明，大学生在哪里就学，就会显著增加其留在该地就业的概率（马莉萍、潘昆峰，2013）。这一事实带来的启示是：对人才的吸引，不能局限在就业期，还要在前期就学时有所谋划；对学生地域流向的研究不仅要着眼于就业地，还应该包括就学地，需要同时考察其教育获得的整个过程。

三 地域发展差距与出生地效应

影响大学生教育获得及高等教育地域流向的因素众多，既包括大学生家庭的经济资本、社会资本、文化资本以及大学生的人力资本,也包括流入地和流出地的经济社会环境因素与教育资源分布等,影响机制错综复杂。本书关注的焦点是,在众多影响因素中,大学生的出生地发挥怎样的作用?

我国经过几十年的城镇化发展进程,城乡之间、城市(城镇)之间已出现较为明显的差距。党的十九大报告指出,我国社会主要矛盾是人民日益增长的美好生活需要和不平衡不充分的发展之间的矛盾。其中一个不平衡,就是地域发展不平衡。改革开放四十多年的发展,已经让我国在经济总量和社会整体发展上取得了举世瞩目的成就,但是与总体快速发展相伴随的,是地区之间较大的发展差距,而且这种差距还有扩大之势(李仙,2017;覃一冬、张先锋,2014;齐讴歌、白永秀,2018)。目前来看,地域发展差异不仅体现在长期存在的区域和城乡之间,还体现在城市(城镇)之间,这是随着改革的深入推进,区域发展格局中出现的新情况。公众对一线城市、新一线城市等地区发展态势的持续高度关注,正是区域经济社会发展发生深刻、快速转型的体现。

与发展水平相对应,不同地区能够提供的经济机会和公共服务存在客观差异,生活在其中的个人能够享受到的教育资源、福利待遇和发展机会也各不相同。这些都是出生地不同导致的社会资源分配差异。这种地区差别既包括已有诸多讨论的城乡差别,也包括不同级别城市(城镇)之间的差别。对于大学生而言,出生地的资源禀赋,可能影响其高等教育的地域选择和流向,进而影响教育获得。那么这种地域来源上的先赋优势是否真的普遍存在?除家庭背景之外,出生地是否成为一个人先赋优势的另一重标识?出生地带来的优势在大学生身上是如何体现的?

　　对于就学地和就业地选择的讨论,同样与客观的地域发展差距这一社会现实密切相关。作为资源和发展机会的集合体,地域或城市(城镇)不仅可以作为研究分析的自变量,还可以作为研究分析的因变量;既可以作为大学生的奋斗起点,也可以在某种程度上代表大学生的奋斗成果。少数大城市聚集了大量优质高等教育资源,能提供更多的就业机会和更广阔的发展平台。对于大学生来说,在大城市就学和就业,意味着以后有更多的发展机会和更好的就业前景。人们有很多留在大城市的理由,如获取更丰厚的薪资、享受更现代化的生活环境、为下一代创造更好的教育条件等。但是,大城市的资源和容量有限,选择大城市的同时也意味着面临更严酷的竞争和更大的生存压力。个人立足于大城市需要个人能力、家庭支持、社会融入等多方面的支撑。那么究竟谁选择去社会资源更为富集的地区就学和就业?出生地这个变量是否影响、如何影响大学生的就学和就业并产生个人机会获得的差异?这些问题有待进一步的研究做出解答。

　　需要说明的是,本书将大城市视为资源更多、发展机会更大的地区,是一种事实的阐述,而不是价值的判断。笔者并不是无视大城市中的房价高企、环境污染、交通拥堵等问题,而是要强调大城市本身作为一个资源聚合体,将进入城市的机会作为一种社会稀缺资源。就像社会阶层一样,生活在社会上层的社会成员(如企业家、大经理人等)往往要承担更大的责任、付出更多的时间和精力,这种生活并不是每个人都想要的,但这并不改变他所在的阶层占有更多社会资源这一事实。

　　大学生的就学和就业往往伴随着地理空间的流动以及生活

环境和生活方式的变化。正如上文所说，进入大城市相当于获得了一种社会稀缺资源，但并不意味着这是每个人都想要的。是否进入大城市，不仅涉及能力，也涉及意愿，关系到个人对资源的认知和价值排序。作为高等教育的关键主体，大学生群体是去哪里上大学、去哪里就业以及如何做出这种选择的直接关系人，也是更有发言权的群体。了解大学生就学、就业的过程，倾听其做出这些选择的真实想法，揭示其选择背后的社会因素，是分析高等教育机会差异及其影响因素、影响过程的应有之意。在就学和就业两个阶段，不同出生地、家庭背景的大学生进入大城市的机会差异从何体现？大学生对就学地、就业地的选择，反映其对未来怎样的期待？这种想法如何受到家庭背景和出生地的影响？解答这些问题，是理解大学生就学、就业行为逻辑的重点，是发现教育获得差异的一把"钥匙"。正因如此，本书在数据分析之外，通过访谈从大学生的主体视角来解读其就学、就业选择的影响因素和出生地的作用机制。

第二节　理论及实证研究

本书面向中国现实，研究问题的提出源于对社会现实的观察，而非直接源于理论命题。在解答研究问题时，离不开理论支撑和相关理论、方法的指导。结合研究主题，本书对相关文献的介绍包括三个部分。第一，城市社会学研究。本书关注大学生的出生地、就学地和就业地，关注城乡和城市（城镇）间的差异。回顾城市社会学理论是为了论证将地域作为核心变量的合理性，论证将进入城市的机会作为社会资源的合理性。第二，教育获得研究。这是由本书的研究对象和研究内容决定的，高等教育资源是社会最有价值的资源之一，对高等教育机会获得的关注一直是社会学研究的重要主题。这一领域的众多理论命题对本书具有一定的指导和启发意义。第三，大学生的就学地、就业地研究。就学、就业相关文献与本书的具体研究问题相关。在回顾理论、梳理文献后，笔者将结合本书的关注点，分别总结现有文献带来的启示，在评述贡献和不足的基础上，论述和明确进一步的研究方向和研究问题。

一 城市研究：对城市社会学理论的回顾

2008年，生活在城市中的人口超过世界总人口的50%，这宣告城市生活将成为人类生活的主流和常态（马休尼斯、帕里罗，2016）。中国为世界城市化进程做出了巨大贡献，改革开放以来，中国进入波澜壮阔的城市化进程，用四十多年的时间走完了欧美国家历经上百年的城镇化历程。1978年，中国城镇化率仅为17.9%，城镇常住人口有1.72亿人；到2017年，城镇化率已提高到58.5%，城镇常住人口已达8.13亿人（徐林，2018）。与城市生活席卷人类社会相伴随的是学者对城市和城市生活的研究热情。在讨论中，不同视角的城市解读研究和流派被确立，如城市生态学派、城市政治经济学派等，《城市社会学》一书对城市社会学不同流派做了较为全面的回顾（马休尼斯、帕里罗，2016）。

（一）认识城市

19世纪以来，经典社会学家如马克思、滕尼斯、涂尔干、齐美尔、韦伯等，都曾尝试解释与工业化相伴的城市社会转型。马克思认为，城市的出现是野蛮向文明的转型，城市和乡村的分离是物质劳动和精神劳动的最大一次分工。滕尼斯将乡村视为"共同体"（也译为"礼俗社会"），将城市视为"社会"（也译为"法理社会"），并从生活方式、情感纽带、利益关系等方面阐述两种生活形态的差异。涂尔干提出了代表乡村、城市的二分类秩序体系，认为在乡村中，人们是建立在同质性基础上的机械团结，随着工业化的发展，社会分工日益细密，人们进入建立在异质性基础上的有机团结状态。齐美尔侧重观察城市的精神生活，对城市和城市人居民开展社会心理学分析，指出城市生活方式造成了城市居民理性、分离、冷漠等精神特质。韦伯用比较的方法研究城市，认为城市是积极而解放性的力量，城市最终是与更宏观的经济或政治相联系的。早期经典社会学家关于城市的研究，指出了伴随着工业化而来的，区别于乡村生活形态的城市结构、秩序、经验等。以上研究对城市的态度或乐观或悲观，体现了研究者对正在扩张的人类组织方式的思考，为以后的城市社会学理论奠定了思想基础。

进入 20 世纪，美国城市化进程快速推进，以芝加哥学派为代表的城市社会学体系逐渐确立和发展。芝加哥学派领头人帕克通过观察快速工业化进程中的美国城市，提出了包含三个要点的城市图景，即产业竞争驱动的复杂劳动分工、大规模科层组织等正式社会结构、自利的算计性等城市心理维度。沃思通过分析城市普遍社会特征，即人口规模、密度和异质性，提出了他的城市理论。他把城市界定为：人口规模大而密集的，在社会与文化上具有异质性的永久定居点。甘斯探索城市生活的多样性，界定了城市的四种生活方式。芝加哥学派城市理论的现实基础是北美快速工业化进程中的城市。费希尔在扬弃芝加哥学派城市理论的基础上，提出城市亚文化理论。他提出，沃思所说的人口规模、密度和异质性是促进城市内聚的积极因素。具有相似特性的人群一旦进入城市，就会寻找自己的聚集地，随着人口聚集度达到一定规模，基于共同特性的亚文化就会繁荣，并吸引更多相似特征的人加入。城市越大，亚文化影响力就越大，这种亚文化反过来会扩散和渗透到城市居民的一般特征中（马休尼斯、帕里罗，2016；帕克、伯吉斯、麦肯齐，2012）。

（二）空间和地理视角下的城市

从空间角度研究城市，首先要将城市置于一个地理空间，即将城市处于特定的地质、气候环境之中。适宜的自然地理环境，有利的经济区位因素、社会因素等共同决定一个城市能否形成、壮大。城市形成之后，社会和经济功能将决定其形态和功能布局。城市的中心区位理论指出，城市能为人们提供更大的经济优势，具体体现在：城市位于能够提供可从外界获得大量产品与服务的地方；城市往往是产业集群所在地，生产成本低、收益高；城市内的竞争使许多产品和服务的成本下降而质量提升；城市数量庞大的人口保证了更大的劳动力市场，以便提供更高质量、更低价格的产品（桑德斯，2011；夏建中，2010）。某一个城市一旦建立，就能够像磁铁一样吸引原材料和人口。各个城市的经济优势不同，会导致一些城市较其他城市发展得更快；在一定的地理范围内，不同城市的规模是不同的，并存在等级的分化。以上内容是本书对地域进行分层的理论基础之一。

城市生态学派用自然生态系统类比城市，研究人们在城市生态中是如何生存、竞争、演化的。基于这一视角，城市生态学派诸多学者提出了同心圆、扇形、多核心等城市布局经典模式，对后来的城市研究提供了诸多启发，但学术界对城市生态学派提出的批评意见很多，其中一个意见是，城市生态学派很少关注人的选择与文化的作用，也极少关注社区相关内容。

（三）政治和经济关系视角下的城市

了解城市如何呈现现在的面貌，需要突破单纯的空间视角。空间背后的经济政治关系，才是左右城市进程的更深层因素。有关城市的传统经济分析主要强调城市的经济优势，以及生活在城市中的人们可以获得的种种益处。兴起于20世纪70年代的城市政治经济学派批判色彩浓烈，指出了资本和政治权力在城市塑造中的作用。城市政治经济学派借鉴马克思的思想，将理论建立在两个假定的基础上：一是任何城市都存在于政治结构之中；二是地方经济并非是独立运行的，而是彼此联系的（马休尼斯、帕里罗，2016）。其关注的核心问题是，谁决定城市经济发展的方向，其中的受益者和受损者是谁等。

列斐伏尔批判地进行城市研究，他认为城市像其他商品一样，是资本主义经济系统的产物，且政府的权力在管理城市空间中起重要作用；空间是社会组织的构成要素和组成部分，人的行为作用于空间，而空间也能重塑社会关系。大卫·哈维进一步阐发了列斐伏尔的思想，指出城市发展的非均衡性以及各种社会不平等问题。卡斯特拓展了马克思的分析，他关注新兴高科技产业导致的城区分化，如卫星城等。斯科特关注经济全球化对城市命运的影响，认为决定城市发展的不是生态学规律，而是强大的跨国公司。约翰·洛根和哈维·莫罗奇运用政治经济学理论，提出城市增长机器理论。他们指出，城市存在由资本家、政客等构成的联盟，他们希望通过投资和开发促进人口增长、提高土地的市场价值、刺激城市扩张,从而在城市发展中获得高收益。但是,城市增长不利于大多数城市居民,随之而来的是环境退化、房租上涨等生活环境的恶化,从而损害平民利益(夏建中,2010;蔡禾,2006;马休尼斯、帕里罗,2016)。

(四) 文化和经验视角下的城市

不可否认,城市在现代社会中处于重要地位。芒福德指出,当城市出现后,文明的历史就变成了城市的历史。城市会形成市民文化,使不同的人构成具有包容性的共同体。斯宾格勒认为,城市处于周期历史循环中,并深信"所有伟大的文明都是城镇文明"(马休尼斯、帕里罗,2016)。齐美尔最早从文化和心理的角度研究城市,他提出个体应该学会适应城市,在城市中生活的人需要更有见识、更理性,以应对城市快节奏和大批量信息的生活。沃思揭示了城市的异质性特征,说明了城市的包容性。许多研究表明,城市居民比农村居民在生活方式和生活态度方面更具有包容性。移民的涌入是导致城市居民更具包容性的原因之一。城市居民之间的关系纽带是非常多样化的,且不受有限地理空间的影响。因此,城市塑造人们的行为,人们也赋予城市个性,使不同的城市各具特色。

(五) 对城市理论的借鉴

本书基于城市社会学理论对大学生就学、就业城市选择的相关因素进行分析。通过分析,得到以下启发。

第一,作为对人类文明发展具有支配作用的生活形态,城市既是社会发展的结果,也是社会继续发展的路径。未来,城市将继续发展,人口也将继续往城市迁移,并在日益细密的社会分工中寻求生存机会。对于中国大学生来说,无论是出生在城市还是农村，大规模地进入城市是必然的，这是受社会发展规律支配的。

第二，由于区位或政治经济等因素，城市内部与城市之间的发展是不均衡的，城市也有等级之分。城市的发展能够在客观上改善经济环境，为城市进一步增长奠定基础，进而以更低的成本为人们提供更优的产品。大学生为了更好的职业发展选择在大城市生活和工作，是从经济角度做出的理性选择。

第三，不同城市的文化与个体心理特征不同。城市越大，越具有文化包容性，是产生亚文化的优良土壤。城市越大，越偏向法理社会的理性和冷漠。大学生对城市的选择受城市文化气质和个性的影响，也受个体对城市的情感寄托和生活经验的影响。

二 高等教育研究：对教育获得的讨论

作为社会资源的重要组成部分，高等教育资源的分配历来受到人们的关注，关于教育获得的讨论是社会学和教育学等学科研究的重要主题。根据联合国教科文组织1998年发布的《21世纪的高等教育：展望和行动世界宣言》的相关内容，高等教育涵盖由大学或者国家主管部门批准为高等学校的其他教育机构提供的各类中等教育后的学习、培训、研究（田晶，2013）。高等教育备受关注，不仅因为它能够增加、创造和传播知识，是增加人力资本的重要资源，还因为它关系到社会成员地位的获得，是影响社会流动最重要的机制之一（陈新忠，2014）。

（一）教育获得的三种理论观点

对高等教育获得的研究是随着高等教育从精英化到大众化的转变而进行的。在大学入学名额稀缺的时代，研究关注的重点是入学机会；进入高等教育大众化时代后，关注点转向了高等教育的内部分化。研究表明，无论在哪个时代，无论是高等教育资源还是优质高等教育资源在不同人群中的分配都是存在差异的。对于这种差异，李春玲（2014）总结了研究者们主要争论的三种理论观点。

第一种是工业化理论（industrialization thesis），也被称为工业化假设。这一理论主张：工业革命和教育革命改变了社会整体结构，专业技能成为人们获得职业地位和社会地位的合法性条件之一。学校是个人习得专业技能的场所，也是机会均等的竞争场所，不同学业表现的人对应不同的教育体系，而不同的教育体系又对应了不同的社会职业体系。高等教育机会获得差异的主要原因是家庭关注程度和个人努力程度，所以教育机会将越来越平等化。工业化假设是从功能主义视角出发对教育获得机制做出的解释。

第二种是再生产理论。这一理论认为教育是资本主义社会再生产的一部分，是维护和加强现存社会秩序和经济秩序的制度之一。教育的选择功能，筛选了能够适应和再生产资本主义生产体系的合格成员。即使在教育扩张的背景下，教育机会的分布也不是趋于平等的。在这一视角下，学者提出最大化维持不平等假设（maximally maintained inequality，简称MMI）和有效维持不平等假设（effectively maintained inequality，简称EMI），说明不同阶层在教育获得差异上有不同的表现形式（Hout et al.，1993；Lucas，2001；Müller and Karle，1993）。布迪厄从文化再生产的角度分析了教育，他将资本细分为不同类型，认为文化资本和"符号暴力"在社会再生产中起着重要作用，学校是优势阶层文化再生产的场所，优势阶层通过"符号暴力"传递和再生产不平等的权力关系。在批判色彩浓厚的再生产理论中，教育机会分布是维护现有优势的重要一环。

第三种是文凭主义假设（credentialism hypothesis）。这一假设源于再生产理论，是折中上述两种对立理论提出的。文凭主义假设认为，现代社会的运转依赖于高度的社会分工，文凭是人们获得不同工作岗位的基础。在劳动力市场中，高学历的人更能占据高回报的职业位置。文凭主义假设预测，家庭背景对较低层次的教育获得（如上小学和初中）的影响逐步下降，对较高层次的教育获得（如上大学）的影响则保持稳定或有可能上升。

(二) 中国教育获得研究的两个视角

自中国迈入高等教育大众化阶段以来，中国的高校数量显著增加，入学机会显著提升，高质量的公平教育是教育发展的新征程（李春玲，2021）。从世界范围来看，大学不再是精英阶层的专利，而是面向大众的教育资源。在英美等国家进入高等教育大众化时代的同时，相关研究也由对入学机会的关注转向对优质入学机会的关注，中国高等教育研究的历程与之类似。

国内有关高等教育入学机会的研究，大致可以分为家庭背景差异和地区差异两个视角。中国高等教育规模扩大对优质高等教育入学机会产生了显著的影响（岳昌君、邱文琪，2020）。李春玲证明了MMI、EMI假设在中国的适用性，即大学入学机会的增加没有使城乡之间的入学机会更加公平，优势家庭子女有更多机会获得优质教育，教育的"无声的革命"并没有发生（李春玲，2010，2014）。一些研究佐证了包括城乡背景在内的家庭背景因素的影响，指出需要警惕教育发展中的"马太效应"（王处辉，2020；黄雨恒、史静寰，2018）。一项有关教育获得的历时性研究表明，在1924～1993年教育获得的各先赋性因素中，性别对教育不平等的作用逐渐减弱，城乡户籍从20世纪80年代中后期开始产生影响，父辈受教育程度的影响在改革开放后快速增强（方长春、风笑天，2018）。有研究证明，当前中国高等教育虽然存在家庭背景的影响，但根本上是能力主导的（刘精明，2014）。

一些学者从高校分布入手分析了入学机会的地区差异。如发现高校的地理分布对当地学生的入学机会有显著影响，高校所在地的学生受益更多（乔锦忠，2007；马莉萍、岳昌君、闵维方，2009）。有学者利用引力模型分析央属高校招生名额的分配，发现各省考生数量、距离是核心影响变量，且有历史惯性（潘昆峰、马莉萍，2013）。有学者考察了高校扩招时期入学机会的省际差异和地区差异，指出各省之间的总体不平等程度在下降，但是个别省份之间的两极分化在加剧。进一步的分析指出，基础教育资源的利用效能对高等教育机会的影响日益明显（刘精明，2007）。一些研究指出，在优质高等教育入学机会方面，京津沪地区占有绝对优势，中部省份相对落后。造成这一现象的原因是教育资源的空间分布、招生属地化倾向、地区经济发展差距等（曹妍、张瑞娟，2016；杨江华，2014）。

（三）教育获得研究的启示

第一，学生的家庭背景被广泛用于解释高等教育机会问题。家庭背景对学生的影响包括经济投入、文化资本传递等不受个人左右的外在条件。个人外在条件不仅包括家庭本身，还包括家庭所在的地域。以家庭背景为代表的先赋性因素造成了高等教育机会获得的差异。学生的出生地或许可以成为影响高等教育机会获得的又一个因素。

第二,教育获得的研究是随着现实不断推进的。随着高等教育规模的扩张,研究方向由教育机会转向优质教育机会,归根到底是对教育稀缺资源分配情况的研究。中国的城市发展差异明显,教育环境和工作环境各不相同,将地域融入高等教育研究,将进入大城市就学和就业作为获得高等教育机会的新的表现形式之一,能够扩展教育获得的研究内容。

三 大学生研究:对就学地、就业地的关注

(一) 大学生就学地的研究

西方关于就学地的研究注重空间距离、引力模型的应用,地区性因素如地区经济发展水平、地区生源规模、院校特征、生活成本等逐步被纳入相关分析。不少研究证明了引力模型的假设,即两个地区距离越远,学生发生流动的可能性就越低(Alm and Winters, 2009; Spiess and Wrohlich, 2010)。库克以2008年美国国家教育中心的相关数据为基础建立学生在不同州之间迁移的空间互动模型。他在空间距离外,将生源州和院校州的地区因素纳入模型,发现流动规模与生源州学生规模、生源州和院校州的人均收入、生源州私立大学学费呈正相关(Cooke and Boyle, 2011)。荷兰的数据同样支持引力模型,并发现生源的迁移除了受距离影响,还与房租水平呈负相关,但教育质量的影响作用不大(Sá et al., 2004)。

西方学者还从学生的个体经验出发对就学流动进行定性分析。在现代性和新自由主义视角下,青年人的空间流动被赋予

积极意义，离开家上大学是学生由未成年向成年过渡的必要阶段，有助于培养青年人的独立性、自主性。一些研究开始反思教育流动的积极意义，分析在本地上大学的大学生的教育选择和就学体验（Christie，2007；Holdsworth，2009；Patiniotis and Holdsworth，2005）。上述研究指出，流动意味着更多的教育投入，这受到家庭经济条件和社会阶层的影响。中产阶层家庭有能力支持孩子离开家上大学，赋予了流动更为积极的意义。教育的空间流动意味着更多的经济支持，正在成为中产阶层的特权。有学者从地理及区域角度出发展开的"学生地理学"研究，涉及学生的国内流动和国际流动选择、学生迁入带来的周边设施环境变化、学生与环境的互动等问题（Holton and Riley，2013）。也有研究指出了空间的"学生化"（studentification）现象，即大量学生改变了当地的地理环境，形成了新的社会关系（Holloway et al.，2010）。

国内关于大学生就学地选择、就学流动的专项研究不多（马莉萍，2020）。招生执行计划数据的研究表明，高等教育迁移规模随高等教育入学机会的增加而扩大，这与中国高等教育资源在区域间的不平等分布紧密相关（Liu et al.，2017；刘昊、潘昆峰，2016）。刘昊和潘昆峰（2016）采用引力模型考察了中国大学生跨省流动模式的特点，指出迁移主要表现为中西部地区学生向京、津、沪、鄂流动，省份之间的距离对迁移有负向影响，并验证了引力模型的假设。他们将迁移的学生分为三类，即央属高校的"主动选择型"迁移、省属高校的"被动挤出型"迁移以及民办高校的"被动逃离型"迁移，证明了中国高等教育招生体系和资源分布对学生迁移的影响。一些学者关注制度因素对学生跨省流动的决定性影响,并利用引力模型分析了央属高校招生名额分配的问题。研究发现,某省考生数量越多,高校所在省与该省距离越近,则在该省投放的招生名额越多。高校的招生名额分配具有历史惯性,财经、政法、外语类高校向发达地区倾斜,而理工类高校向经济不发达地区倾斜。如果仅仅通过减少属地招生来平衡入学机会差异,则效果有限(潘昆峰、马莉萍,2013)。刘自团(2012b)从阶层的角度分析了大学生的择校差异,证明高校的选择是以阶层为基础的自我选择,其间伴随着文化再生产现象的发生。高校中的精英文化对优势家庭的孩子而言只是继承,对其他人来说则需要学习和付出更大的代价。有研究将就学地作为就业地的一个影响因素,说明前期的就学流动影响后期的就业流动(马莉萍、潘昆峰,2013)。一些学者关注招生公平问题,指出优质高校生源与新高考改革和多元招生录取背景相关(马莉萍等,2021;马莉萍、卜尚聪,2020)。

总体看来,现有关于大学生就学地选择的定量研究充分考虑了地理距离、生源地和院校所在地等因素,国内的研究增加了对政策因素的讨论,从整体上解释了学生流动的类型和特点,对从宏观层面解释学生的流动具有较强的现实意义。

(二)大学生就业地的研究

国外有关大学生就业地选择的影响因素研究涉及气候条件、城市规模、通勤时间、环境设施、地区经济因素(税率、增长率、失业率等)、犯罪率、文化教育设施等(Štefan and Rikard,2020;Jin et al.,2014;Kim et al.,2005;Kodrzycki et al.,2001;Luther and Wittenberg,2005)。另有针对特定大学生群体的研究，如发现来自城市的医学生在农村地区就业的人数正在减少；来自农村地区的医学生在农村地区就业的可能性更大（Mathews and Ryan，2017；Pearson and Andres，2010）。

中国大学生的就业选择问题始终是经济学、社会学、教育学等学科的研究热点。由于新冠疫情的影响，大学生就业取向及生活方式出现了新的变化（李春玲，2020c；岳昌君，2020；朱迪，2020）。现有研究中，有针对大学生就业流向的研究，如行业、岗位特征、就业的地域等（黄兢，2018；何仲禹、翟国方，2015；聂玮，2014）；有针对不同毕业生群体的专门讨论，如女性毕业生、少数民族毕业生、创业大学生群体、基层就业群体等（周荣荣，2019；"女大学生就业状况与问题调研"课题组，2018；葛玉好、邓佳盟、张帅，2018；高岳涵，2017）。就全国高校毕业生的总体就业状况来看，毕业生更倾向于在东部地区和北上广等地区就业，凸显了大中城市对劳动力的吸引力（岳昌君、夏洁、邱文琪，2020）。

国内关于大学生就业地选择的文献汗牛充栋。对大学生就业地选择的解释大致可分为四个方面。第一，从个人层面（如家庭背景、性别、人力资本、社会资本等）解释差异；第二，从地区层面解释差异；第三，从流动的视角分析就业地选择；第四，从城市文化的视角分析就业偏好。下面分别简述相关研究。

长期以来，大学毕业生都显示出在大城市和经济发达地区就业的偏好。北京大学教育经济研究所于2003年、2005年、2007年、2009年、2011年、2013年、2015年和2017年进行了八次全国高校毕业生的抽样调查。八次调查都显示，毕业生在大中城市就业的比例在七成以上，最近六次调查显示，该比例在八成以上。第八次调查数据显示，毕业生在择业时更看重个人发展和经济收益（岳昌君、周丽萍，2017）。2017年大学毕业生数据显示，家庭社会资本和学校背景对毕业生的求职结果产生了重要影响（岳昌君、白一平，2018；赖德胜、吉利，2003）。有研究从人力资本和家庭背景分析就业决策和期望，发现大学生的人力资本越高，越倾向于在大城市就业；家庭经济背景越好，越可能对就业有高期待（聂玮，2014）。不管是大城市生源学生，还是小城镇、农村生源学生，都想留在大城市（韩翼祥，2007）。对于农村学生群体而言，高等教育过程不平等连同起点不平等，共同影响结果不平等（王处辉、李娜，2007）。有研究分析了上海市高校毕业生的择业取向，指出择业首选地与实际就业地的差异明显。上海生源的学生几乎都选择在上海就业，非上海生源学生中有75.2%希望留在上海，但仅有50%左右实际留下（何渊，2006）。有研究引入中介城市的概念分析大学生就业地，指出在就学地与学生家乡外存在着对学生有一定吸引力的城市，如省会城市（卢姗、王琼，2007）。

从地区或整体层面讨论大学生就业地选择的研究，主要关注院校的布局、地方经济、地理距离等的影响。本省经济水平越高，高校毕业生流出越少、流入越多，且毕业生的平均流出距离越短、外来人才的吸引辐射范围越广。研究建议落后地区以教育资源吸引人才，发达地区以就业资源吸引人才（赵晶晶、盛玉雪，2014）。从高校布局的角度分析，高校所在地的劳动力市场受益更多（马莉萍、岳昌君、闵维方，2009）。有研究基于教育收益视角分析，认为城市越发达，越能增加教育收益，越受学生青睐（张琦、吴克明，2017）。

从流动的视角看大学生就业地选择，有推拉理论、二元经济结构理论、"投资—收益"理论、预期收入理论、相对经济地位变化、社会资本等理论解释（孙祥，2011；李家伟、刘贵山，2007）。马莉萍从就业流动的定义、分类、动机、意义、研究视角和方法、流动的选择性等方面综述了西方国家大学毕业生就业流动的研究（马莉萍，2009）。她和相关学者分析了中国国内大学生的就业情况，证明生源地对大学生选择就业地区的影响更大，大学生在生源地就业的可能性稍高于高校所在地（马莉萍、潘昆峰，2013）；流动能够带来专业更匹配、满意度更高、收入更高的工作（陈洪捷、马莉萍，2013；马莉萍，2015）。有研究发现，非京籍学生留京增速放缓，生源地离京越近，在北京落户的可能性越大，但是留京会给大学生带来起薪的损失，家庭收入高不能增加留京的可能性等（马莉萍、董璐，2015）。同样从流动角度分析大学生就业的学者还有岳昌君，他经研究得出结论：54.3%的大学生在生源地就学和就业，流动者主要是从中西部流向东部；男生、非独生子女的流动意愿更大，重点大学和高学历的学生流动能力更强，家庭社会关系多的毕业生更倾向于留在本地（岳昌君，2011）；跨省流动能够增加收入，经济因素是流动的主要原因；父母受教育程度是影响流动和收入的最稳定变量（岳昌君，2014）；家庭所在地不同，跨省流动比例和模式也不同（岳昌君、李欣，2016）；等等。

从文化角度研究大学生对大城市选择的偏好可以发现，城市已经超越了工作地点的意义，成为某种身份标志（吴志明、马秀莲，2015a）。青年大学生已赋予流动更多的社会文化意义，并且指出对环境的熟悉也是一种社会资本（吴志明、马秀莲，

2015b）。

另外，一些研究从大学生就学地的角度分析其对就业地选择的影响。以岳昌君、马莉萍为代表的学者，运用中国高校毕业生就业数据建立 logistic 模型，考察生源地、就学地和就业地之间的关系。研究发现，毕业生更倾向于返回生源地就业或留在就学地就业；高校毕业生的性别、受教育程度和学校差异显著影响跨省流动（岳昌君、夏洁、邱文琪，2020；岳昌君、李欣，2016；马莉萍、岳昌君，2011；马莉萍、潘昆峰，2013）。有学者利用 2005 年全国 1% 人口抽样调查数据建立条件 logistic 模型，分析了接受高等教育的年轻人的流动模式。研究发现大学生的就学迁移主要是由大学招生的地区差异决定的，重点大学的分布情况、经济机会以及生活成本的重要性相对较弱（Liu et al.，2017）。

（三）对大学生就学地、就业地研究的评述

现有研究充分讨论了学生个体因素的影响，并且从流动角度分析了流入地、流出地等地区因素的共同作用，揭示了不同个体特征和不同出生地大学生的流动特点和类型，比较充分地解释了大学生的流动行为。基于对相关研究的总结，本书认为，从教育获得角度分析大学生对就学地、就业地的选择，具有以下可继续推进之处。

第一，目前，关于就学地和就业地的研究缺少社会背景的讨论，较少关注到中国城市之间发展水平的层级分化。中国正处于改革攻坚期，调整和变化中的城市布局正在影响大学生的流动选择，同时，城市的发展前景也会被大学生的选择所影响。

第二，单独讨论就学地或就业地的研究较多，但将大学生就学与就业看成一个完整的过程，并分析两个阶段之间关系的

研究较少。关于就学地、就业地的研究，较少涉及学生出生地这一影响因素。描述大学生就学流动和就业流动现状、特征的研究较多，解释流动原因的研究较少，缺少就学地和就业地选择的比较分析。

第三，从研究方法上看，定量和定性相结合的研究较少。建立计量模型讨论流动现状、分析流动原因的定量研究较多，解释主观想法的定性研究较少，国内几乎没有比较有影响力的定性研究成果。大学生是就学、就业的主体，但很少有研究对这一主体的关键事件进行分析。

第三节　研究设计

一　研究对象

本书的研究对象是大学生，操作化为正在接受或完成高等教育的本科生和硕士生，不包括专科生和博士生。定量研究数据全部来自在校本科生和硕士生；定性研究的访谈对象为在校本科生和硕士生、毕业的本科生和硕士生及部分学生家长。样本抽取和案例介绍在研究方法部分有详细说明。

基于数字和模型得出结论，对研究是必要的。同时，整体的社会事实基于个体行动，理解个体行动的逻辑，也是研究的应有之意。本书对不同出生地的大学生进行研究，使用模型说明大学生整体或不同子群体共性的同时，将大学生还原为个体，通过定性分析理解其选择或行动的逻辑。作为一个年龄群体，青年价值观念和行为模式具有独特性（李春玲，2020a）。本书将大学生群体的特点主要概括为以下三个方面。

第一,从生命周期看,大学生大多处于青年期,面临青年期社会化的主要问题——"自我认同"(葛琛佳,2011;郑杭生,2003)。大学生刚完成集体的基础教育和中级教育,从原生家庭逐渐独立,他们对未来的角色定位尚处在探索阶段。高等教育是青年以正式社会成员身份进入社会经济生活之前的最后一个阶段,他们必须做好知识储备和心理准备,思考以什么身份进入社会。随着社会快速发展,青年在解答"我是谁"的问题时可能感到迷茫。

第二,大学生是"半独立"的社会成员,"独立"是指身体心智趋于成熟,具有独立的想法和思考能力;"不独立"是指其还不能脱离家庭的经济支持。在结束基础教育和中级教育之后,学生要面临一系列选择,如选择上学的城市、高校及专业,如何度过大学时光,选择后续的职业等。学生如何做出决定值得学者观察和讨论。从另一种角度看,大学生接受了高等教育,其知识水平很有可能超过父辈,对父辈进行文化反哺。他们如何平衡自己与家长的意见,在独立和依赖并存的角色中确定人生走向,值得学者观察和研究。

第三,在群体文化和价值观上,大学生追求个性表达,注重自身体验,具有多元、开放、多变等特点。青年亚文化是社会最具表达力和影响力的文化现象之一,具有进步性、创新性、逆反性等特点(马中红,2015)。另外,网络信息时代沟通方式的变化,让当代青年有了更多渠道表达观点。他们成长在摆脱了生存危机的年代,不担心温饱,注重追求个性,注重体验和感受。

二 研究问题

本书想要解答的问题是:出生地是否影响、怎样影响大学生的教育获得？出生地是否成为除家庭背景之外，影响获得高等教育机会的一个因素？

本书认为，在不同发展水平的地域（城市）中，社会资源富集程度不同，人们享受的社会资源也不同。城乡二元划分不足以代表中国地域发展差异，应对城市做出更加细致的划分。本书在科学论证的基础上，对地域做分层处理，重新审视大学生的出生地、就学地和就业地，以此考察高等教育机会的地域分布差异。

本书的假设是，大学生的教育获得存在出生地效应，除了家庭背景，地域层级分化也在影响高等教育机会的获得。具有出生地优势（来自一、二线城市）的学生，比出生地弱势（来自县城、城镇、农村）的学生，在就学和就业上存在优势。这种优势既体现在获得优质入学机会上，也体现在获得大城市就学和就业的机会上。通过高等教育，大学生的出生地优势发挥作用，并通过就学、就业传递下去，进而实现地域优势的再生产。

为论证地域层级分析视角的合理性，本书首先探讨中国的地域层级分化。通过论述当前地域层级分化的表现，以及梳理中华人民共和国成立以来地域层级分化的历程，深入理解当前地域层级分化的特殊性，为后续的实证分析打好基础。

在教育获得的分析上，本书侧重从地域的视角关注高等教育的起点和结果。对高等教育起点的讨论，指不同出生地的学生，是否有同样的机会到重点大学和大城市上学；对高等教育结果的讨论，指不同出生地的学生，是否有同样的机会到大城市就业。本书还关注大学生择校的影响因素。具体来说，出生地对教育获得的影响通过五个维度来呈现。

第一，出生地对高等教育选择的影响。大学生在做出就学地选择时，影响主体、个人动机、就读大学和就读城市的重要程度如何？不同出生地的学生对各因素的重视程度有何差异？大学生如何选择学校、专业和就学城市？

第二，出生地对优质高等教育入学机会的影响。入学机会是以往高等教育获得研究的重点，解释因素多是家庭背景。本书要探索在家庭背景之外，出生地优势是否会影响优质高等教育入学机会？如果会影响，那么相对优势有多大，影响机制是什么？

第三，出生地对大城市就学机会的影响。大学生怎样看待就学城市的选择？家庭背景优势是否对学生在大城市就学发挥作用？除家庭背景优势外，出生地优势是否会发挥作用？如果是，其影响力有多大，影响机制是什么？

第四，出生地对大城市就业机会的影响。大学生对就业地层级是否有偏好？哪些群体有大城市就业偏好？家庭背景与出生地是否会影响就业城市偏好？就学地是否会影响就业城市偏好？大学生如何确定就业城市？大学生的出生地优势是否能以及如何通过就学、就业实现地域优势传递？

第五，地域层级与高等教育的关系，地域层级形成的原因及可能对社会资源分配和个人机会获得产生的影响。

三 研究框架

围绕上述研究问题，本书形成了如表 1-1 所示的研究框架。

表1-1 总体研究框架

关键问题	具体内容	相关理论	研究方法	研究逻辑	结论（论证目标）	章节安排
中国地域层级分化的表现及形成过程	表现领域：经济、民生和文化	城市社会学理论	文献分析 二手数据	立论：现象分析	证明地域层级分化是基于社会资源差异化分配的综合性生成，为分析高等教育提供建立依据	第二章
	历史分析：新中国成立初期、改革开放初期、20世纪末以来三个时期					第三章
出生地效应：地域层级分化如何影响教育获得	出生地与高等教育就学地选择：去哪上大学	教育获得理论	实证研究 定量定性 混合研究	论证：具体问题分析	出生地越有优势，在优质高等教育机会、大城市就学机会和大城市就业机会上越有优势； 出生地优势具有传递性，实现再生产通过就学和就业两阶段实现再生产； 出生地是家庭背景之外，影响高等教育机会获得的另一个因素	第四章
	谁获得优质高等教育入学机会					第五章
	出生地与大城市上大学：谁在大城市上大学					第六章
	出生地与大城市就业：谁去大城市就业					
地域分层与高等教育的关系	分别从个人及地域的角度，总结高等教育与地域层级的关系	再分配理论	理论分析 二手数据	总结：理论提升	地域分层影响高等教育机会； 高等教育实现双重优势再生产	第七章
地域分层何以形成、有何影响	地域层级分化的政府、市场和社会机制	再分配、市场理论			地域层级分化是行政主导、市场累积、社会强化的结果；地域分层是中国社会分层的重要方面	

在实证研究部分，本书验证家庭背景变量和出生地变量对高等教育机会获得的影响。由于已有研究对家庭背景的作用及机制做了非常充分的证明，本书将论证重点放在出生地层级的影响上，将对教育获得的考察按照起点和结果拆分为四个方面，即高等教育就学地选择、优质高等教育入学机会、大城市就学机会和大城市就业机会，试图发现出生地层级和家庭背景在高等教育各阶段的作用机制（见图1-1）。

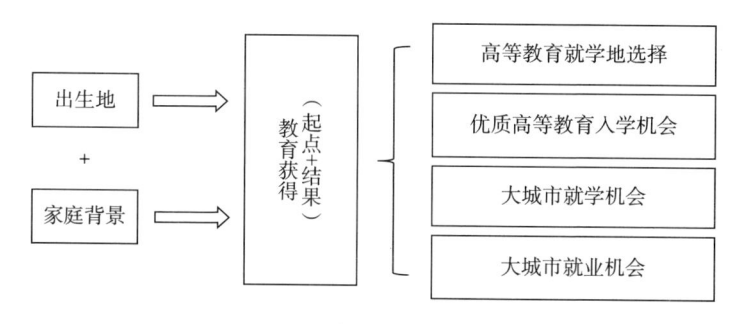

图1-1 实证部分研究框架

第四节 核心概念界定

一 教育机会与教育获得

在现有文献中，教育机会与教育获得被看作不言自明的概念，且二者常常是通用的。有学者采用教育机会获得、教育地位获得、入学机会获得等说法（李春玲，2009；刘精明，2014；丛玉飞、任春红，2020）。这些说法并没有明确的界定和实质内容的区分，只是表述上的不同。这类研究大多是通过客观数据和计量模型，分析在已入学的人群中，不同社会属性人群的分布是否与社会总体人群中对应属性人群的分布存在显著差异，并以此考察某一社会属性人群接受教育的可能性，即其获得教育机会的情况。如，通过分析高校中男性学生和女性学生的分布来考察高等教育机会获得的性别差异，通过分析高校中农村户籍学生和城市户籍学生的分布来考察高等教育机会获得的城乡差异等。

在本书中，教育机会和教育获得都限定在高等教育领域。教育机会指进入高校接受高等教育的机会，反映能够接受高等教育的部分人群在社会总体人群中的分布；教育获得指个人高等教育机会的获得。教育机会指受教育的可能性这一客观情况，教育获得指在这种客观情况下的个体境遇，二者是紧密相关、一体两面的。由于本书的研究对象是大学生，分析大多是基于大学生个体层面的问卷调查数据和访谈资料，且看重大学生的主体视角，所以选取教育获得为本书定名，以凸显大学生在高等教育过程中的个体境遇。在文内的分析中，两种说法的使用并没有严格的限定，笔者将根据不同的语境来灵活表述。

应当指出的是，本书关于教育机会和教育获得的研究内容有所扩展，共包含如图1-1所示的四个维度，这与现有研究主要有两点不同。第一，本书关注地域层级分化，侧重从大学生地域分层流向的角度来考察其教育获得，所以分析内容既包括优质高等教育入学机会的获得，还包括进入大城市就学和就业机会的获得。第二，本书纳入了高等教育过程论的视角，所以分析内容既包括高等教育起点方面的机会获得，还包括高等教育结果方面的机会获得，也就是既包括入学机会，还包括就学影响下的就业机会。

二 地域层级、出生地效应的理论概念

地域层级是贯穿本书的核心概念，也是串联大学生就学、就业具体问题的研究主线。参照社会分层的概念（李强，2011），本书将地域层级分化（地域分层）定义为：不同地域因社会资源富集程度不同而产生的层化或差异现象。地域层级具有地域性、层级性、资源富集差异性、社会文化差异性四个特征。

第一，地域层级具有地域性。社会关系与地理空间是相互交织的，地域空间是社会关系的载体，也是社会关系相互作用的结果。本书关注社会资源基于地域空间的差异化分配，以及这种分配格局对社会成员的影响。本书将关注的焦点放在出生地上，它是一个人从生物人成长为社会人的空间范围，是其社会化的场域和生活半径。地理空间内的自然地理和城乡生活环境，构成了其从小到大日常接触的、超越家庭范围的"生活世界"。

地域、地区、区域都有地理空间的意义，本书选择"地域"主要有两个原因。一是"地区"和"区域"这两个词在相关行政规章上已有明确的指代，如"区域"频繁以"行政区域"的形式出现；"地区"指介于省级和县级之间的一级地方行政区域（中国政府网，2007）。本书研究资源存量不同的地理空间，虽与行政区域密切相关，但不重合，其含义要超出行政区划。二是"地域"一词包含文化意义，从文化角度的分析也是本书的重要内容。综上，本书选择"地域"一词构成"地域层级"，作为本书的核心概念。

第二，地域层级具有层级性。地域有很多分类方式，如根据区位可分为东、中、西部，根据地理位置可分为沿海和内陆，根据生产生活方式可分为城市和乡村，根据城市人口规模和经济规模可分为大、中、小城市，等等。"地域层级"这一概念侧重于经济社会发展水平不同导致的资源富集程度差异，划分层级的标准为社会经济水平的高低。通俗地来说，就是将社会上经常讨论的一、二、三线城市等的划分纳入研究。对本书来说，就是对大学生的出生地、就学地和就业地做层级区分。

地域的层级性是中国经济快速发展和社会深刻转型在地理空间上的特殊表现形式。有学者以"四个世界"来形容中国的地域发展差异（杨永恒，2006）。在中国，大城市和小城市虽然都是城市，但资源和环境差别较为明显，这种层级划分在国外可能并不适用。发达国家一般依据人口规模划分城市，不同城市的主导产业、城市功能可能是差异化的，但不一定是层级化的，城市资源与人口分布相对均衡。例如教育资源的分布，英美很多名校都坐落在小城镇甚至农村，但在中国，只要是名校，几乎都集聚在大城市。中国城市发展更具综合性、总体性，城市层级较高，一般经济、教育、医疗等资源都较为丰富，且能通过虹吸效应吸纳周边城市的资源。

第三，不同层级的地域具有不同的资源富集程度。地域之间的层级差异，导致不同地域的人群也相应地存在资源占有和发展机会的差异。地域是既定的社会环境，是各类社会资源的载体。在教育领域，不同层级地域的教育资源、教育水平和教育质量是有差异的。一般来说，高层级的地域比低层级的地域具有更优质的教育资源，高层级的地域占有资源的最优区间，较低层级的地域占有较次区间。生活在其中的个人也在不同的区间内享受不同的资源（见图 1-2）。

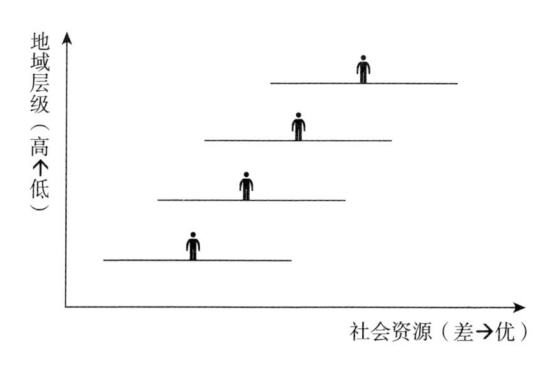

图 1-2　地域层级与社会资源的关系

第四，地域层级具有社会文化差异性。地域带来文化上的"软性差异"，包括价值观、思维方式、行为方式等，这种文化差异与经济社会发展紧密相关。滕尼斯在论述礼俗社会和法理社会时指出，礼俗社会是一个紧密的、相互依存的共同体，而法理社会是建立在社会分工基础上的、不靠人情而靠法理运转的集合体，社会的变迁就是由礼俗社会向法理社会转变的过程。社会一旦发生转变，物质和经济的转变是最迅速的，而文化、习俗、价值观的转变往往滞后。大城市依靠规则运转，注重效率和能力；发展相对滞后地区有较为传统的价值观，人们更注重人情，而非法理。

本书的研究对象是大学生，研究内容是大学生在就学、就业过程中呈现的高等教育机会获得问题。本书将地域层级概念运用到大学生高等教育的各个节点，发展出三个二级概念分析工具，即出生地层级、就学地层级和就业地层级。不同地域在资源富集程度上的差异,导致出生地、就学地和就业地的资源差异,生活在其中的个人也会相应地存在机会获得差异。为突出社会成员由于地域而产生的教育机会差异,本书将上述概念进一步发展,分别建构出生地效应、大城市就学机会和大城市就业机会三个概念,具体内容如图1-3所示。

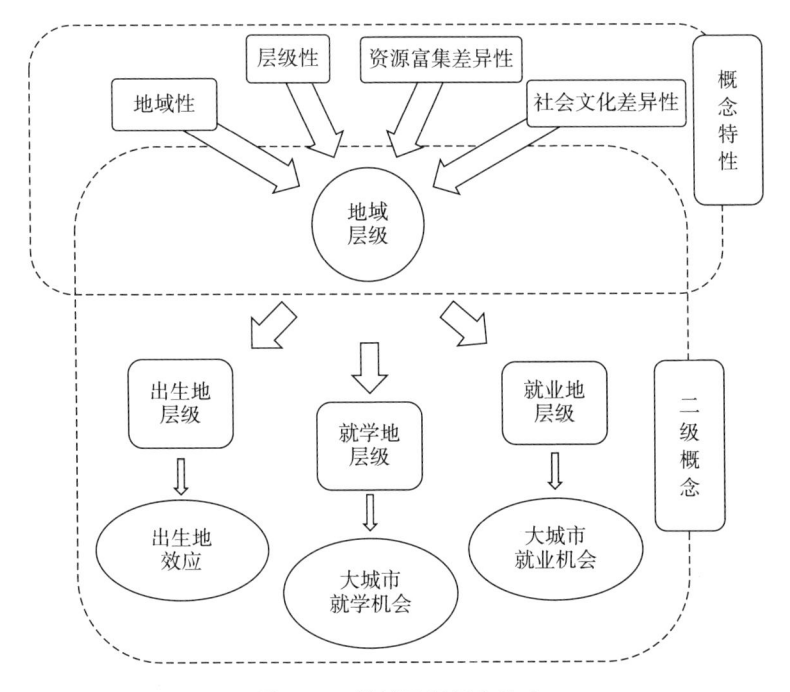

图1-3 地域层级概念体系

(一) 出生地效应

"出生地效应"指大学生的出生地对高等教育机会获得的影响,包括高出生地层级的优势效应、低出生地层级的弱势效应两个方面。出生地效应具有先赋性,是考察地域层级与高等教育机会获得关系的关键自变量。

先赋性是社会学研究中的重要概念。先赋性因素在社会科学研究中的运用较为广泛，与教育相关的社会先赋性因素往往与家庭背景相关，重点指代家庭所处的社会阶层。刘精明在能力和出身对高等教育入学机会影响的研究中，通过出身概念对先赋性因素进行了详细论述。他将个体的先赋性因素分为家庭背景（父代社会经济地位和家庭文化资本）和先天禀赋（性别和民族）（刘精明，2014）。另一项研究将先赋性因素分为民族群体特征和家庭经济社会地位（黄雨恒、史静寰，2018）。方长春和风笑天的研究通过户口、父辈受教育程度、父母社会经济地位和性别对先赋性因素进行测量（方长春、风笑天，2018）。总之，学术研究中有关先赋性因素的研究，包括家庭背景、地域背景等方面。高等教育机会的获得既受到客观的经济条件和制度环境的影响，也受到个人的文化和符号因素的影响。

本书提出的"出生地效应"，是指从地域视角来看，先赋性因素对后天机会获得产生的影响。出生地指一个人出生和成长过程中具有层级性的环境。现阶段中国不同层级的地域在发展水平、文化等方面存在明显差异，出生和成长在不同地域的人，可以接触的资源、发展机会和文化规范各不相同。一个人出生在哪里、成长在哪里，是先天的，至少在一个人具有独立的思维和行为能力之前，即在基础教育完成之前，个人是没有选择权的，这与个人的能力和努力程度没有关系。本书提出的"出生地效应"概念，将从地域层级的角度补充对影响教育机会先赋性因素的分析。

（二）大城市就学与就业机会

本书由地域层级发展出了出生地层级、就学地层级和就业地层级概念。本书认为，高层级地域的社会资源、学习和发展机会更多，在高层级地域就学和就业，这本身就是一种稀缺机会。大城市就学和就业机会是考察地域层级与高等教育机会获得的因变量。由于就学这一行为的中介性，就学地层级也是考察就业地的自变量。

高层级地域主要指一、二线城市。为了表述和理解方便，本书直接使用"大城市"指代高层级地域，即用"大城市就学机会"考察就学地结果、用"大城市就业机会"考察就业地结果。

三 地域层级、出生地效应的操作化定义

（一）操作化定义的依据

对地域做层级划分的核心是定义分层标准。标准不同，划分方式也不同。如联合国根据人口规模划分城市规模，将人口超过100万的城市划定为特大城市；中国根据人口规模对城市做了五类等级划分；等等。地域层级呈现了个人的先天背景和后天机会，最突出的差别是社会经济意义方面的差别。中国存在显著的地域发展差异，城市之间、城乡之间的差别导致个人发展条件和机会的差异。生活在发达地域，意味着可能拥有更好的基础教育条件、生活条件。

进入21世纪，社会上出现并逐渐盛行"一线城市""二线城市""三线城市"等的说法。随着一些新兴大城市的崛起，"新一线城市""超一线城市""准一线城市"的概念逐渐出现。2010年以后，科研和商业咨询机构围绕这一分类体系对城市进行了测算，也有研究通过城市排行榜对城市发展水平进行

排序。比如，第一财经·新一线城市研究所每年发布的《中国城市商业魅力排行榜》，中国社会科学院财经战略研究院发布的《中国城市竞争力报告》等，这些报告为定位城市层级提供了科学依据。下面以 2017 年发布的《中国城市竞争力报告 No. 15》和 2018 年发布 "2018 年中国百强城市排行榜"、《2018 中国城市商业魅力排行榜》为例，比较三种测算体系的指标和排名情况（见表 1-2）。在此基础上，评价不同测算方法对本书的适用性。

中国社会科学院财经战略研究院的《中国城市竞争力报告 No. 15》对 294 个城市测定的评分（倪鹏飞，2017），更适宜作为本书地域划分的依据。为使层级清晰、表述清楚，本书以一、二、三、四线城市，五线及以下城市（镇）对城市层级进行划分，具体内容如下。

（1）一线城市，指北京、上海、广州、深圳 4 个城市。这 4 个城市的城市经济竞争力指数均在 0.450 分以上。

（2）二线城市，参考《2018 中国城市商业魅力排行榜》中上榜的"新一线城市"和二线城市，根据上述城市在《中国城市竞争力报告 No. 15》中的得分，将二线城市定义为城市经济竞争力指数在 0.180 分及以上的、除北上广深以外的城市，共 26 个。

（3）三线城市，参考上榜的三线城市的城市经济竞争力指数得分，定义为城市经济竞争力指数在 0.080 分（含）至 0.180 分的城市，共 85 个。

（4）四线城市，参考上榜的四线城市的城市经济竞争力指数得分，定义为城市经济竞争力指数在 0.050 分（含）至 0.080

分的城市，共 107 个。

（5）五线及以下城市（镇），中国其他非一、二、三、四线城市的城市、城镇。

表 1-2 三种测算体系指标和排名对比

报告名称	发布机构	指标	主要结论	适用性评价
"2018 年中国百强城市排行榜"	华顿经济研究院（前上海经济发展研究所）	经济指标（GDP和储蓄），软经济指标（环境、科教、文化、卫生等）	北上广深位列前四名，前十名排序稳定	偏重大中城市，测算覆盖面不广，不适用本书研究
《2018 中国城市商业魅力排行榜》	第一财经·新一线城市研究所	商业资源集聚度、城市枢纽性、城市人群活跃度、生活方式多样性、未来可塑性	上北深广 4 个一线城市，成都等 15 个新一线城市，昆明等 30 个二线城市，珠海等 70 个三线城市，舟山等 90 个四线城市，长治等 129 个五线城市	覆盖城市多，明确定位各城市层级，但偏重社会经济部分，测算不全面，本书可适当参考
《中国城市竞争力报告 No.15》	中国社会科学院财经战略研究院	经济增长速度，经济效益，当地要素、需求、软件、硬件环境，全球联系程度	对 294 个城市测定了 0~1 分的城市经济竞争力指数，城市格局处于分化期	机构权威，测算科学全面，涉及城市多，适用本书相关研究

但是，直接以《中国城市竞争力报告 No.15》的城市经济竞争力评分为依据对城市进行划分也存在不妥之处。中国的行政等级在城市发展中的作用十分突出，有学者证明了城市行政等级与城市规模、增长速度密切相关，且高行政等级城市获得资源的能力更强（李澎、刘若阳、李健，2016；魏后凯，2014；齐讴歌、白永秀，2018）。如果严格按照上述划分标准，几个省会城市如长春（0.147 分）、石家庄（0.145 分）、哈尔滨

(0.117分)、南宁（0.103分）、太原（0.099分）、乌鲁木齐（0.097分）、呼和浩特（0.095分）、兰州（0.087分）均无法达到二线城市的标准，这与社会共识是不相符的。根据社会共识，二线城市基本为计划单列市、副省级城市和省会城市。因此，本书得到下列分类。

（1）一线城市，包括北京、上海、广州和深圳4个城市。

（2）二线城市，包括天津等共34个城市。

（3）三线城市，包括镇江等共75个城市。

（4）四线城市，包括开封等共107个城市。

（5）五线及以下城市（镇），包括通化等其他不属于上述4个层级的城市、县城和城镇。

（6）农村地区。

（二）操作化具体方法

（1）针对出生地层级。城市户口的学生，将高中所在城市作为其来源城市，依据《中国城市竞争力报告No.15》进行城市竞争力评分，并按照分类标准进行等级编码；农村户口的学生，视其出生地为农村，不对农村生源学生做进一步分类。最终得到包含6个出生地层级取值的定序变量。

应该说明的是，由于学生在初、高中阶段存在异地就学现象，这种操作化方法存在不足之处。但出于对现实情况和研究目标的综合考量，我们认为这种不足带来的误差是可以接受的，原因有二。第一，以高中所在地来定义学生的出生地，这种操作化方法仅适用于城市户口的学生。农村户口的学生由于家长外出务工、教育资源分布等因素而异地就学的现象较多，城市户口的学生相对较少，误差可控。第二，以户籍代表学生的出生地，这种操作化方法保留了农村户籍，兼顾了代表城乡间差异的户籍变量，以及代表城市间差异的城市层级变量，这使后续分析带来的信息量更大。

（2）针对就学地层级。根据大学生高校所在城市进行划分，由于中国几乎没有大学位于县城或农村，故得到包含4个就学地层级取值的定序变量。

（3）针对就业地层级。根据大学生意向就业城市进行确定，得到包含4个就业地层级取值的定序变量。

第五节 研究方法

本书采用定量与定性相结合的混合研究方法，数据绝大部分来自"光明的前途"项目调查数据和笔者通过访谈获取的一手资料，同时使用二手数据作为补充。

一 混合研究方法

（一）社会科学方法论与混合研究方法的产生

长久以来，社会学研究方法的讨论围绕着定量和定性两种方法进行。这两种研究方法背后有两种社会观、认识论和方法论作为思想支撑，是两种不同的研究范式。自社会学从哲学脱胎后，就有"社会唯实论"和"社会唯名论"之争，有关社会学研究对象的讨论从未停息，这与研究者对社会的认识相关。二战以后，社会学研究中心由欧洲转移到美国。在美国实用主义哲学的影响下，社会学研究中基于调查数据和数学模型的定量方法渐成主流。对两种研究范式的争论延续为对定量和定性两种方法的争论,定量研究者抨击定性研究是主观的、不科学的、不可证伪的;定性研究者则批评定量研究的问卷和变量把社会生活简化成不合实际的碎片,用数字和模型破坏了人类生活的整体性。

虽然两种研究方法的矛盾看起来不可调和,但在长期的争论中,社会科学研究者也达成了一项共识——社会学是一门实证的科学,对方法论的讨论应该超越非此即彼、孰优孰劣的争论。社会学的研究结论应该建立于对真实社会生活的观察和记录之上,无论这种记录是问卷调查的形式,还是访谈和文献的形式。社会问题纷繁多样,不同社会问题适用不同的研究方法。两种社会观都是真实的,两种研究方法对全面认识人类社会都是有益和必要的。对方法论和研究方法的讨论,逐渐由二元对立转向为如何在研究中实现两种方法的统一。在此背景下,混合研究方法(mixed methods)开始出现并引起学术界的关注。一般认为,对混合研究方法的讨论和使用始于 Campbell 和 Fiske 在 1959 年发表的有关"三角互证"的文章(Campbell and Fiske,1959),此后,混合研究方法引起越来越多社会科学研究者的关注。

(二)混合研究方法的讨论与应用

混合研究不仅是一种研究方法,还是除定量和定性研究外的第三种研究范式,它有理论基础、研究取向、明确的定义、运用范例、检验标准。混合研究的理论基础是布迪厄的反思社会学,这一理论为理解人类行为中的结构性和能动性提供新的启发(Fries,2009)。有学者归纳了混合研究方法的四种取向,即实用主义的、变革—解放的、辩证的、批判现实主义的,并从出现背景、目的、特征、理论与数据的关系、研究者的角色等方面对上述四种取向进行了对比,指出每种取向都有其利弊,研究者应首先明确使用的方法和局限(Shannon,2016)。有一项研究通过对从事混合研究的权威学者进行访谈,专门讨论了混合研究方法的定义。通过对采集的19种定义进行总结与概括,给出了混合研究方法的定义:混合研究方法是一种研究类型,它将定性和定量研究方法的要素(例如观点、数据收集与分析、推理技术)结合起来,以达到具有相当广度和深度的理解和确证(Johnson et al.,2007)。研究指出纯定量方法和纯定性方法是研究方法轴的两端,中间的区间都可以成为混合研究,只不过更偏向定性或定量。有学者对混合研究的现状提出了批判,指出混合研究存在"方法论的正统性",即定量为主,定性为辅,定性研究只是为了验证前者得出的结论而已(Hesse-Biber,2010;Pearce,2012)。随着使用混合方法的研究增多,有学者设计了一系列指标审视运用了混合研究方法的研究的质量(Heyvaert at al.,2013)。

中国社会学者逐渐加入新方法论的讨论,并在研究中越来越多地运用混合研究方法。陈向明认为,质的研究与量的研究的结合是可能的,也是有益的,但是必须考虑结合的必要性以及随之而来的理论假设问题(陈向明,2000)。朱迪在回顾布莱曼和博格曼混合研究方法的基础上,指出虽然定量和定性的结合是必要的,但是"混合"边界模糊的定量和定性方法是错误的,完全打通两种方法之间的区隔也是极端的。她提醒研究者应根据研究目的、数据类型甚至研究者的资质选择一种合适的策略,来系统地连接定性和定量数据(朱迪,2012)。有学者指出混合研究方法的价值，如减少研究方法偏差带来的负面影响，优化研究设计等，同时对"为了混合而混合"的现象进行了批判，指出方法论"完美主义"的弊病（臧雷振，2016）。唐权通过将混合研究法导入质性—实证案例，提出"混合案例研究法"（唐权，2017）。在实际应用上，混合研究方法被运用在多个主题的研究中，如教育研究（李泽、王刚，2012；高潇怡、刘俊娉，2009）、农村研究（张昊，2017）、消费模式研究（朱迪，2012）、体育教学研究（吴瑾、杜振中、赵晓靓、郭野，2018）等。

（三）混合研究方法在本书中的应用

本书的研究问题和研究对象决定了使用混合研究方法是必要的，也是合理的。其优越性在于，它为学者对人与社会关系新的理解而做出的研究提供了方法上的可能，超越了结构和能动二元对立。它能够弥补单一研究方法可能造成的偏差，使得研究者对某一研究假设更确证，从而能够得出更全面、更有说服力的结论。应当认识到，每一种研究方法都有其适用的研究问题，并不能因为混合研究方法是定量研究方法与定性研究方法结合的，就默认为它是最好的研究方法。研究方法是工具，是为所聚焦的社会问题服务的。没有最完美的研究方法，只有最适用某一项研究的研究方法。下面结合本书所关注的社会问题，对为何采取混合研究方法、如何在实际研究过程中应用混合研究方法、定量研究方法和定性研究方法各解答了什么问题、定量研究方法和定性研究方法如何为同一个研究主题服务等做具体说明。

本书想要解答的问题是，出生地是否会影响大学生的高等教育选择、优质高等教育入学机会以及通过教育进入大城市的机会。研究的核心变量是出生地，研究对象是大学生，研究内容是高等教育机会获得差异。研究变量和研究内容的整体性决定了定量研究是必须的；大学生群体的特殊性决定了定性研究是有益的。在上文对概念的定义部分，指出出生地具有层级性，对它的操作化定义是基于科学的量化计算的。核心概念的设定决定了本书应使用量化数据，应基于样本透露出的概率信息做出统计推断。高等教育机会差异是一个整体性的、宏观的社会事实。对高等教育机会差异这一事实的判断，不是基于某个人或某几个人，而是基于某一群体是否比另一群体有更多的机会。要论证超越个体层次的事实，科学抽样、计算样本信息、统计推断这一套定量研究方法是必要的。但仅用定量的方法又可能存在局限性，即只见冷冰冰的数字，而不闻大学生群体的声音、不见大学生主动或被动地做出选择的情境。大学生群体的特殊性在于他们正从依赖走向独立，处于生命周期中最为活跃的时期。他们思想前卫、行为大胆，未来人生是开放的，主观能动性可以发挥作用的空间更大。了解大学生视角中的高等教育相关问题，理解他们对高等教育选择的过程，可以让笔者摆脱"上帝视角"，使研究更生动、更丰满，对研究问题的认识也更深刻、更细致。

在实际研究过程中，质的方法和量的方法是交替进行、相互支持的，两种方法的结合贯穿本书始终。在确定研究范围之后、设计问卷之前，笔者设计了访谈提纲，通过试访谈，由被访者反馈的信息逐步确定和补充了问卷内容。这一步最典型的就体现在"去哪上大学"这一部分中，问卷中有关影响主体、就学动机、就学城市和学校的诸多选项都是在试访谈中逐步完善的。问卷设计完成后，进入收集数据阶段，同时进行进一步的访谈、追访。在对访谈资料进行初步整理和分析后，逐渐明晰、聚焦研究问题。问卷调查完成后，进行数据的整理，根据确定的研究问题，做出研究假设并进行分析。证实假设后，将定性结论和定量结论相互印证，确认结论的可靠性，这一步即混合研究的"三角测量"。如产生新的想法或未预料到的分析结果，用不同的统计方法加以辨析，并回溯访谈记录寻找例证。对于结论不统一的矛盾点，有选择性地继续寻找对象补充访谈，从研究对象的视角加以理解、解释，使得研究结论遵循统一的逻辑。

在本书同一个研究主题内，定量和定性的方法侧重解答不同的研究问题。总的来说，定量方法主要用来描述整体现状、验证相关变量的影响是否显著；定性方法主要通过分析访谈对象的想法和行为，解答个体在既定环境中的行动和行动意义等。

在本书中，定量和定性两种方法是为同一个研究主题——出生地如何影响高等教育机会获得——服务的。定量的统计和推断从宏观上和整体上呈现经验事实、验证因果影响，说明出生地对高等教育机会获得的影响；定性分析从个体层面描绘事件发生情境、还原社会结构与能动的人的互动过程，说明出生地对个人的高等教育选择带来哪些优势和局限性，个人是如何解读这些结构性因素的。定量研究从统一性着手，以比例得出具有普遍意义的结论；定性研究从差异性着手，以案例展现不同出生地学生在高等教育选择上的分化。定性访谈既关注与定量结论相符的案例,也关注在大概率之外的"偏离者",如进入大城市上学或上重点大学的偏远地区农家子弟等。他们突破局限的经历,值得被分析,也能为改变机会差异、建立更公平合理的教育体制和社会体制提供启发。

二 问卷调查法

本书使用的问卷提纲和数据全部来自国家自然科学基金项目"'光明的前途'——对中国学生国内和国际迁移的比较研究"①。2015~2018年,笔者先后参与了项目前期的定量问卷设计、定性访谈提纲设计,项目中期的网络调查平台调试、试调查、修改问卷、实施样本高校调查、回收审核数据、访谈学生及家长、整理访谈记录,项目后期的数据整理分析、报告撰写等工作。在参与项目的过程中,笔者逐步确定研究主题、收集数据、做出分析。总之,通过该项目得到的全国本科高校大学生最新数据,是本书展开分析的基础。

(一)抽样与调查过程②

项目计划在全国1293所本科学校中抽取22所学校,每所学校抽取150名本科生和硕士生,一共3300名学生组成调查样本。抽样分两个阶段进行,第一阶段抽取学校,第二阶段抽取样本高校内的学生。

第一阶段学校抽样采取的方法为分层设计、PPS抽样方法。分层设计的主要考虑因素包括中国高等教育的体系特征、本科学校的层级排序、学校所在地区。PPS抽样方法主要考虑了学

---

① 有关该项目的详细信息,请见:http://brightfutures-project.com/。
② 刘精明教授做了整体抽样设计与高校样本的抽取,谨致感谢。

校层次和学校所在地区两个变量。

首先看学校层次。由于调查全部集中在普通本科学校，先将本科学校分为"大学"和"学院"两个层次。"大学"根据学校的名望等级或是不是重点，区分为985学校、211学校和其他非重点大学三层。"学院"区分公立学院和私立学院，其中私立学院包括民办大学和一些大学中的独立学院（在录取批次上通常为"三本"学校）。最终得到5个本科学校的层级顺序：985大学、211大学、普通大学、公立学院、私立学院。

学校分层的第二个变量是地区。考虑中国高等教育发展在东、中、西部之间的差异较大，特别是东部与中西部之间，因此将上述5个层次的大学进一步区分出地区（东部与中西部）差异，最终构成对本科层次高等学校的10个层次的区分。在实际抽样过程中，利用高校所在的城市层次、省份、学校规模等变量进行排序，从而获得隐含分层的效果。最终，抽中的学校如表1-3所示。

表1-3　高校抽样分布

高校代码	地区	省/自治区/直辖市	学校层级
1	东部	北京	985大学
2	东部	福建	985大学
3	中西部	湖南	985大学
4	中西部	陕西	985大学
5	东部	上海	211大学
6	东部	海南	211大学
7	中西部	陕西	211大学
8	中西部	黑龙江	211大学

续表

高校代码	地区	省/自治区/直辖市	学校层级
9	东部	浙江	普通大学
10	东部	江苏	普通大学
11	东部	广东	普通大学
12	中西部	云南	普通大学
13	中西部	安徽	普通大学
14	中西部	陕西	普通大学
15	东部	江苏	公立学院
16	东部	山东	公立学院
17	中西部	四川	公立学院
18	中西部	内蒙古	公立学院
19	东部	广东	私立学院
20	东部	浙江	私立学院
21	中西部	江西	私立学院
22	中西部	安徽	私立学院

确定样本高校后，在各样本高校内抽取150名学生，具体抽取方法有两种。第一，以全部在校本科生和硕士生学号制作抽样框，通过简单随机抽样获得150名正选学生以及100名备选学生。第二，如果样本高校难以获取全部学生学号，则先随机抽取5个院系，再在每个样本院系中抽取30名正选学生和20名备选学生。最终，在22所高校中，共得到3300个正选样本和2200个备选样本。抽取样本学生之后，根据其学号获得电子邮箱等信息，以便发送调查邮件。

调查通过专业网络调查平台Qualtrics进行。2017年9月调查正式启动，抽样高校的调查工作陆续开展，2018年9月调查结束。具体方法是向各样本高校的150名正选学生发放问卷填答链接，邀请他们参与调查，对未填答的正选学生发送提醒邮件；根据正选样本填答情况，依次补充备选样本，直至该校回答人数达到预定目标或备选样本已全部纳入调查（李强、孙亚梅，2018）。

（二）数据质量与分析方法

抽样的 22 所高校全部完成调查，共向本科生和硕士生发放网络问卷约 4500 份，回收问卷 3427 份，其中正选 3010 份，备选 417 份，总填答完成率为 76.2%（3427/4500），问卷正选率为 87.8%（3010/3427）。初步审核问卷后，剔除无效问卷 180 份（如缺失重要背景信息、拒答题目过多、填答不认真、答案明显失实等），共获得有效问卷 3247 份，基本达到原定目标。

问卷中设置了陷阱问题，以验证问卷填答质量。陷阱问题出现在问卷进行约 3/4 处，用以确定调查对象是否仔细阅读了问卷内容。结果显示，有效问卷中 95.6% 的学生回答正确陷阱问题，说明绝大多数调查对象填答认真，问卷数据的可信度较高。

使用分析软件 Stata 13.2 和 Excel 2016，对数据进行整理、编码、初步分析以及呈现图表结果。定量分析方法包括描述统计和统计推断。数据的描述主要通过频数、百分比等呈现。对数据的进一步分析和统计推断，使用的方法包括卡方检验、方差分析、回归分析、logit 二元分析模型，ologit 多元有序模型。

三 访谈法

定性资料的来源主要有三种。一是笔者通过半结构式访谈和观察获得的一手资料,这是定性资料的主要来源。二是媒体专题报道,如符合研究主题、具有典型意义的案例,媒体的深度报道等价值资料。三是网络社群平台上大学生对相关问题的回答和评论。这类信息由大学生自己提供且能够引起群体共鸣,是研究的补充材料。

(一) 访谈过程

2016年2月至2018年10月,研究者通过面对面、网络视频的方式对在校大学生、近五年内毕业的学生(2014年及以后毕业)进行访谈,并利用假期时间访谈了部分学生的家长。在此期间,有学生从高校毕业,研究者还对部分学生进行了追踪访谈。访谈对象共35人,共进行41次访谈。访谈对象中有19位大学生,其中,本科层次11人,硕士层次8人;还有16位家长。被访学生及家长的相关信息见附录C。

访谈对象的选择首先从研究者的同学圈和亲友圈开始,其后通过滚雪球的方式接触更多的访谈对象。为增加案例的覆盖面和研究的代表性,研究者尽量选择不同地域、专业、年级以及家庭背景的学生进行访谈。研究者在初次访谈后,还与大多数访谈对象保持了联系,并且在不同的时间节点进行追踪访谈。

访谈是半结构化的。研究者按照事先准备好的访谈提纲发问,如果遇到被访者在回答中可以进一步挖掘的问题,就沿着被访者的思路再发问。如果被访者在回答某一问题上涉及其他故事,也鼓励他们讲述。学生及家长的访谈提纲见附录B。

访谈形式主要是一对一访谈,面对面或者借助视频进行,每次访谈控制在 30～90 分钟。也有一些访谈是在一对多的情境下进行的，如同时访谈了学生及其家长。

在明确告知访谈资料用途，并征得被访者的同意后，对访谈进行了录音。但也有被访者存有顾虑或感到不自在，不希望录音的，没有录音的访谈约占半数。对有录音的访谈进行逐字转录，留存约 20 万字的录音文稿。在本书中，对访谈资料的使用有两种方式，一是直接引用被访者的原话，尤其是被访者在访谈中透露出的极具感情色彩的语言；二是研究者根据访谈记录整理被访者的经历，以第三人称讲述。所有在文中引用的被访者均做匿名处理，对被访者的相关信息按照科学规范进行严格保密。

（二）新闻媒体报道

在上述研究方法部分，对研究角色的定位分析中提到，定量研究关注统一性和普遍性，定性研究着眼于差异性和特殊性。每年高考录取工作结束之后，都会有与高等教育相关的典型案例报道。如某偏远地区或处于弱势家庭的孩子考上了名校。这类新闻对本书论证相关问题是有价值的，也将其纳入分析。上述报道之所以作为"新"闻进入大众视野，就是因为其少见，具有特殊性。基于新闻报道对相关案例进行分析，是定性分析的有益补充。

（三）网络社群平台材料

网络社会使得信息的生产和传播扁平化，每个人都有渠道发声。大学生是网络社群平台的活跃用户，他们也乐于在许多网络平台上匿名分享经历、发表意见。90 后、95 后乃至 00 后的青年大学生，更是网络社会的原住民，网络社区如知乎问答、微信公众号推送留言和微博等就是他们生活的一部分。网络的匿名性特征保证了他们可以在没有"他人"在场的情况下，述说真实经历、表达真情实感。他们在网络平台上分享的个人经历，类似于"自传"。在社会学领域，自传社会学是最具"人文主义精神"的方法（鲍磊，2014）。在自传中，研究对象的主体性得以彰显，叙述的文本是生动、多元和丰富的（程猛、康永久，2018）。当然，也不排除部分人出于想获得更多关注的目的而夸大甚至编造事实，但不能因此否定所有网友提供的信息的价值。在材料的选取上，研究者将选择引起强烈反响和讨论的或受到青年大学生普遍认同的观点或经历，以丰富定性研究的内容，为研究提供更丰富的细节佐证。

第六节 研究创新及不足

一 研究内容及方法的创新

教育获得是教育社会学的重要研究领域。关于高等教育机会获得的研究汗牛充栋，但都围绕着相似的主题，最关键的就是家庭的社会经济地位，也就是家庭背景。众多国内外研究证明，与父母职业地位密切相关的社会经济地位、经济资本、文化资本、社会资本，甚至符号资本，造成了学生获得教育机会的差异。在中国，由于户籍制度的长期存在及其对社会的深刻影响，城乡作为一个关键变量被纳入研究。

本书在相关研究的基础上，基于中国社会现实，发现影响个人高等教育机会获得的另一因素是出生地。党的十九大报告指出，中国特色社会主义进入新时代，我国社会主要矛盾已经转化为人民日益增长的美好生活需要和不平衡不充分的发展之间的矛盾。其中不平衡发展的重要体现之一就是地域之间发展的不平衡，包括城市与城市之间、城市与农村之间发展的不平衡。本书通过学术研究呈现地域发展层级化的表现，并通过出生地效应来归纳这种不平衡对大学生教育获得的影响。本书从层级的视角对大学生出生地进行划分，划分方式既不同于以往研究中的省际划分，又超越了城乡二元划分。这样的分类方法突出了不同地域之间社会经济发展水平和社会资源富集程度的层级差异，从另一个角度探析了出生地对个体的影响。在重点关注出生地的同时，本书也关注家庭背景的影响，即在控制家庭背景的基础上探析出生地效应。总之，本书的贡献在于，关注地域发展差距，发现了高等教育机会获得差异的出生地效应，与以往研究进行了对话。

本书的研究对象是大学生，既指不同出生地的大学生群体，也指有主观能动性的大学生个体。相应地，研究方法既有定量的数据分析，也有定性的案例分析。针对群体共性特征，通过统计描述、统计模型说明，以比例或概率的形式验证假设。定量数据揭示的是作为整体的社会事实，是不受个人想法和行为干扰的。就本书而言，定量研究体现为对大学生群体进行科学抽样，获取有代表性的样本数据，进而基于数据论证研究假设。数据呈现出不同出生地学生获得高等教育机会的差异，是论证出生地这一先赋性、结构性因素对个体的影响。

社会事实归根结底是个人社会行动的集合，仅从群体角度来说明是不够的,还需要把社会事实还原到人,观察和分析宏观的社会事实是怎样通过微观的社会行动达成的。"出生地效应"概念含有的文化意义,也要求从质性的角度做出意义阐释。本书既把大学生当作研究客体,又从主体性视角出发,理解大学生对自己出生地的认知、对高等教育选择等的解释。本书力求兼顾研究对象的群体性和个体性,研究视角的客观性和主体性并存,研究方法中定量和定性相互契合。研究视角和方法的混合特征,是本书另一个创新点。

二 研究存在的不足

本书以一手数据验证地域因素在个人高等教育机会获得中的作用,通过"出生地效应"来概括中国地域层级分化现象及其对教育机会的影响。由于研究水平和数据的限制,本书在理论建构、数据方法等方面存在一些不足。

第一,对地域层级的划分不够精细。本书对地域层级的划分强调不同城市之间的发展差异,把农村单独划为一类。实际上,不同区域农村的发展水平是不一样的。在东部沿海地区,城镇、农村的生活富裕程度甚至超过中西部地区的小城市。

第二,在数据的挖掘和分析上有所欠缺。本书主要使用 logit 模型验证假设,虽然能够回答相关研究问题,但更进一步的问题,如家庭背景与出生地之间的复杂关系等,没有通过数据模型加以证明,这是后续研究可以继续探索的方面。本书对在校生的调查缺少真实就业状况这一内容,削弱了研究的说服力。

第三，理论建构还有待继续完善和深入。本书发现了地域层级现象的存在，分析了地域层级分化形成的行政、市场和社会机制，但理论层面的分析略显单薄，没有剖析地域分层与社会分层之间的深层次关系。

第七节　篇章设置

本书考察教育获得中的出生地效应，通过问卷调查和田野访谈回答个人去哪里上大学、谁获得优质高等教育入学机会、谁在大城市上大学、谁（想）去大城市就业四个方面的问题。研究内容一以贯之关注出生地这个变量，回答"是否影响""怎样影响"这两个问题。各个地区由于资源富集程度的不同，存在不同的影响。通过学术研究，呈现出生地对个体高等教育机会获得产生的影响，是本书尝试达到的目标。篇章安排如下。

第一章导论，说明整体设计和架构。主要论述研究背景和研究意义，说明理论支撑和研究基础，介绍研究设计，包括界定研究对象、聚焦研究问题、定义核心概念、说明研究方法、指出研究创新及不足等。

第二章从经济、民生和文化三个领域展现地域层级分化的表现，并通过纵向的历史分析，回顾中华人民共和国成立初期、改革开放初期和20世纪末以来的地域分化，说明中国地域层级分化的特殊性及形成过程。

第三章关注高等教育选择的出生地效应，分析出生地对高等教育就学地选择的影响，解答大学生"去哪上大学"的问题。从影响主体、高等教育动机、城市因素和学校因素四个方面展示大学生群体选择就学地的影响因素，并通过方差分析和回归分析说明不同出生地的学生有不同的就学地选择偏好。相关访谈资料用以佐证数据结论，说明出生地对高等教育就学地选择的影响。

第四章关注优质高等教育入学机会的出生地效应，分析家庭背景和出生地对优质高等教育入学机会的影响，解答"谁在好大学上学"的问题。通过 logit 模型检验家庭背景优势假设和出生地优势假设；通过案例说明出生地对优质高等教育入学机会的影响。

第五章关注大城市就学机会的出生地效应，分析家庭背景和出生地对大城市就学机会的影响，解答"谁在大城市上学"的问题。通过 ologit 多元有序模型，检验家庭背景优势假设和出生地优势假设；通过呈现案例，分析大学生选择就学地的过程，从制度、家庭、文化和个人四个方面论证出生地效应的影响机制。

第六章关注高等教育结果的出生地效应，分析家庭背景、出生地和院校地对大城市就业机会的影响，解答"谁（想）去大城市就业"的问题。基于在校大学生数据分析大城市就业意向，检验家庭背景优势假设、出生地优势假设和院校地优势假设；基于五个已毕业大学生的访谈案例，分析不同先赋条件的大学生的择校择业过程，说明出生地层级较低的学生的就业选择困境。

第七章是对上述四章实证研究的总结和提升。将高等教育与地域层级之间的关系，总结为个人和地域的双重优势再生产，并从政府、市场和社会三个方面探析地域层级的形成机制。

第八章是结论。在对本书进行整体回顾的基础上，总结地域层级与高等教育机会之间的关系，展望区域协调发展战略对促进教育公平的作用。

第二章 地域层级:基于地域的综合性分化

本章主要论述当前中国地域层级分化的表现,并通过纵向历史分析阐释中国地域层级分化的特殊性。本章要解答的问题是:不同城市、城镇之间的差别体现在哪里?生活在一、二、三、四、五线城市或农村地区,存在哪些方面的不同?中国区域等级化现象是从什么时候开始显现的,经历了怎样的变化过程?本章将为下文地域层级与高等教育机会关系的具体分析提供坚实的立论依据。

第一节 当前中国地域层级分化的具体表现

地域层级受行政级别的影响,体现为经济、民生和文化领域的综合性分化,是不同规模城市、城镇及农村作为"政治经济社会区域体"的分化(李强、王昊,2014)。地域层级与城市行政级别高度对应,大部分一、二线城市为直辖市、省会城市和副省级城市。

一 经济领域

经济总量(以下简称 GDP)、人均收入水平(以下简称人均 GDP) 等指标所反映的经济领域的差别,是地域差别中的硬指标,也是人们能够主观感知到的差别。这里所指的经济差别是广义上的差别,包括劳动力、资本、技术、信息等经济要素的差别。一线城市现代化的都市面貌、高精尖的企业集聚、完善的市政基础设施等,都是其雄厚经济实力的外在表现。

GDP 和人均 GDP 是衡量地区经济发展水平的权威指标。尽管有不少声音质疑 GDP 数据,认为其过度强调经济量的增长而忽视质的提升,建议破除 GDP 迷信(肖俊哲、辛永容,2010);也有人质疑 GDP 统计数据的真实性,要求挤出"水分"(崔文佳,2018;张静、王琳,2013),但其作为衡量经济的晴雨表,重要性仍是难以替代的。

这里就以点带面,从一、二、三、四、五线城市中各选取一个城市作为代表,通过城区 GDP 和城区人均 GDP 分析经济领域的分化。选择时兼顾城市代表性、行政等级、区域分布以及相关统计数据的可得性。综合考虑,一线城市选择北京(直辖市,城市经济竞争力指数 0.459 分),二线城市选择杭州(省会城市、副省级城市,城市经济竞争力指数 0.226 分),三线城市选择东营(东部地级市,城市经济竞争力指数 0.100 分),四线城市选择开封(中部地级市,城市经济竞争力指数 0.080 分),五线城市选择雅安(西部地级市,城市经济竞争力指数 0.037 分)作为研究对象(具体数据如图 2-1 所示)。要强调的是,下文展示的统计数据均为城区(市辖区)数据。

如图 2-1 所示,不同层级城市的经济发展水平呈现巨大差异。北京六个城区的 GDP 总量已接近 2 万亿元,杭州各城区的 GDP 也突破 1 万亿元,其他城市与之差距较大。北京六个城区

```
       □ 城区GDP总量    —— 城区人均GDP
```

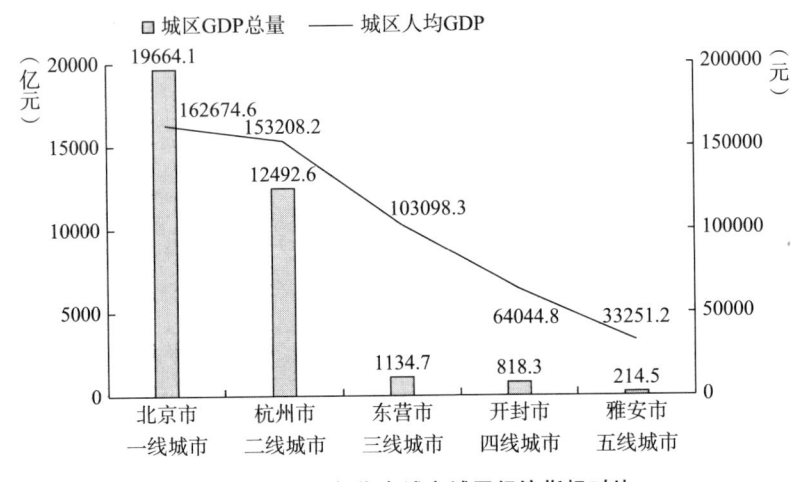

图 2-1 2017 年代表城市城区经济指标对比

注：1. 数据根据各市、区政府门户网站、《国民经济和社会发展统计公报》中的相关数据计算得出；2. 数据仅包括该城市主城区，不包括县、乡等其他辖区，其中北京市的主城区仅包括东城区、西城区、朝阳区、海淀区、丰台区和石景山区；3. 城区人均 GDP 由城区 GDP 除以城区常住人口数计算得出，缺少当年常住人口数的，按照最近年份的常住人口数或户籍人口数统计。

的 GDP 总量相当于三线城市东营各城区 GDP 总量的 17 倍，相当于四线城市开封各城区 GDP 总量的 24 倍，相当于五线城市雅安各城区 GDP 总量的 92 倍。不仅一、二线城市与三、四、五线城市之间有差别，三、四、五线城市之间也有差别。三线城市和四线城市各城区的 GDP，分别是五线城市城区 GDP 的 5 倍和 4 倍。这说明中国经济发展的不平衡不仅表现在城乡之间，还表现在城市之间；经济发展的不充分不仅表现在农村地区，还表现在中小城市。

相比之下，各层级城市的人均 GDP 差异不像 GDP 总量差异那么悬殊，这是城市人口规模差异发挥调节作用的结果。根据城市发展规律，经济发展水平与人口规模密切相关，一、二线城市的经济总量与充足的劳动力密不可分。地域层级划分同按照城区常住人口规模划定的超大城市、特大城市、大城市、中等城市、小城市的划分是较为一致的。如图2-1所示，除人口规模导致的GDP总量差异外，各层级城市之间的人均GDP也有明显的差别。随着城市层级的下降，人均GDP递减，且下降趋势明显。

以上数据从整体上反映了不同层级城市的经济发展水平。宏观的经济发展指标背后，是产业和行业的承托，也是职业结构和社会结构的支撑。在微观层面上，就是个人的就业机会和收入水平的差异。对大学生而言，接受高等教育的重要动机之一就是职业发展，哪里潜藏更多、更好的就业机会让高等教育投资可以得到更大的回报，哪里就是大学生青睐的就学地和就业地。因此，地域层级之间的经济发展水平差异是驱动包括大学生在内的人口发生流动的关键因素。

二 民生领域

地域层级分化的另一个表现是社会民生领域上的巨大差异。近些年来，教育、医疗、养老三大民生领域引起社会的关注和讨论。教育方面，虽然中国基础教育资源的供给并不缺乏，但在各个升学阶段，对优质教育资源的竞争常使家长和学生陷入焦虑；医疗方面，大额医疗支出是中国家庭风险的来源之一；养老方面，随着中国加速进入老龄化阶段，独生子女一代也将迎来较大的养老压力。

教育、养老、医疗属于社会公共资源，社会公共资源的分配应强调公平性、共享性。但就目前来看，这些领域可能会诱发社会成员的不公平感和焦虑感。地域层级的分化不仅体现在经济领域,还体现在涉及民生的社会资源和公共服务上。经济与民生社会服务是相互影响的,已有研究表明,地方公共服务的供给水平对房价存在显著的正向影响(陈淑云、唐将伟,2014)。

下面仍然以点带面,以五个城市为例,以城区省级示范性高中数量代表教育资源,以城区三甲医院数量代表医疗资源,以城区各类养老机构的床位数量代表养老资源,展示不同层级城市在民生领域上的差别(见表2-1)。

表2-1 五个城市城区教育、医疗、养老资源对比

单位:所,万张

层级	城市	级别	教育资源:城区省级示范性高中数量	医疗资源:城区三甲医院数量	养老资源:城区各类养老机构床位
一线	北京市	直辖市	60	73	15.6
二线	杭州市	省会城市	22	25	7.0
三线	东营市	东部地级市	3	2	1.4
四线	开封市	中部地级市	4	5	1.9
五线	雅安市	西部地级市	1	1	0.9

注:1. 省级示范性高中数据来自各地区教育部门2017年统计数据;2. 三甲医院数据来自网站 https://yyk.99.com.cn/sanjia/;3. 养老机构床位数据来自各地区《2017年国民经济和社会发展统计公报》。

如表2-1所示,北京市三大民生领域的社会资源存量远远高出其他层级城市。二线城市杭州在社会公共资源上,相较三、四、五线城市有明显的规模优势。三项指标上,四线城市与三线城市大致处于一个梯度,远远低于二线城市,但也明显高于五线城市。开封社会资源存量超过东营的原因是,1954年以前开封是河南省的省会,其比较优势有历史因素的作用。就地域

层级划分看，开封的社会资源高于同级别的其他城市，但与省会、副省级城市相距甚远。雅安城区内省级示范性高中和三甲医院的数量屈指可数，养老机构床位数量不到1万张。

表2-1显示了地域层级分化在社会民生领域中的表现，民生领域中社会资源分布的差异，常常引发社会成员的不公平感。民生领域的分化有户籍、社保等制度的区隔，其资源封闭性、地域附着性更强。总之，地域层级在民生领域的分化非常明显，民生领域直接影响到社会成员的安定感、满足感、幸福感。

三 文化领域

不同的都市"场景"，不仅体现为空间建筑的不同，也体现为文化价值的差异（吴军、夏建中、克拉克，2013）。不同地域层级的城市文化存在明显的分化，并且在城市居民的生活方式（如消费习惯）上留下痕迹（朱迪、陈蒙，2021）。区域或地域的文化无优劣之分，是基于自然地理环境与当地经济社会发展相适应的产物。布迪厄对阶级文化资本和品味的研究，描绘了不同阶级的生活方式和文化行为，揭示了特定的惯习和品味是阶级分化的标志。这种层级意义上的文化分化，在中国的地域层级上也有表现。下面从文化的生产、文化的消费、生产的文化、消费的文化四个方面分析大城市（一线城市）和小城市（五线城市及以下）在文化领域上的差异。二者可视为城市文化的两种理想类型，其他层级位于两种类型的中间地带。文化视角的分析没有严格按照层级做具体划分，这是由文化分析的特点决定的。

在文化的生产方面，大城市建立了规模化的文化产业，通过公司组织体系生产文化；小城市缺少文化产业发育的土壤，大多是个体通过网络平台生产文化。文化产业需要经济发展的支撑，有研究表明，大多数文化机构都地处一线城市，如158家上市游戏企业中54.4%的企业在北、上、广三个城市（廉思、周媛，2019）。除经济条件外，文化产业还需要充足的劳动力供应。有研究指出，在"体制外"从事文化生产的人群形成了"文化新阶层"，而"文化新阶层"中的70%左右的人分布在四个一线城市和成都、重庆（廉思等，2016）。反观小城市，除了一些具有文化气息的古城，鲜有文化产业的组织化生产，且这种文化生产多体现为分散的个体通过网络直播、短视频等方式建构文化形象，通过"被观看"的方式生产文化。

在文化的消费方面，大城市文化消费渠道多样，小城市文化消费渠道有限。文化的消费与文化的生产相互依存、密切相关，如果没有文化产品的供应，消费就无从谈起。大城市有剧场、酒吧、影院、展览等多样化的文化消费场所，而小城市的文化消费场所较为贫乏。除市场化的文化产业外，公共性的文化资源配置也是大城市和小城市产生文化消费差异的原因。博物馆、展览馆等公共文化资源的配置，与当地的行政等级、财政状况、人口规模相关，几乎所有的国家级、省级博物馆都在一线城市、副省级城市或省会城市，而小城市的配置较少，县城、乡镇更为匮乏。但是，小城市、县城、乡镇也需要文化生活，在实体文化机构缺位的情况下，网络娱乐作了填补，各类影视剧、综艺节目以及手机短视频等娱乐方式成为较低地域层级较为常见的文化消费方式。也是这样的文化消费方式，催生了小镇青年的粉丝文化和特定的审美品味（胡谱忠，2016；付蔷、沙垚，2018）。

在生产的文化方面，也就是建构城市生活形象方面，大城市体现为快节奏、强调规则和能力、先锋、多元、流动、包容；小城市则体现为慢生活、强调人情和关系、安逸、稳定等（赵霞、孙宏艳，2019）。对微观层面上的个人和家庭来说，大城市和小城市的区别是经济收入、生活方式的差别。大城市资源多，但是竞争压力大，生活成本高；小城市资源少，竞争压力相对较小，生活成本低。对大学毕业生来说，如果选择去大城市，职业初期的压力加上高昂的生活成本会放大生活的焦虑感；如果回流到家乡，尤其是选择在小城市的公职部门工作，生活将更加安定。已有研究指出，新县城青年回流择业具有新特征，表现为首选稳定体面的公职工作、追求生活的稳定安逸等（刘天元，2019）。北、上、广、深青年和"新县城青年"的自我表达，生产出两种不同的生活文化。

在消费的文化方面，也就是消费观念、消费偏好和消费渠道等方面，大城市与小城市之间也存在差异。在消费行为研究领域，有"消费区域差异论"的观点，具体指同一区域的消费者在购买动机、购买目标、购买渠道等方面呈现共性，而不同区域消费者之间在上述方面呈现差异性（卢泰宏、刘世雄，2004）。中国的市场异质性表现为一国多个市场、一国多层市场（刘世雄、卢泰宏，2006）。中国不同层级的区域形成不同的消费文化，其间暗含高下之分。消费是社会区隔的方式之一，不同的消费方式展现了不同的生活方式，并以此维持群体归属意识（夏建中，2007）。

第二节 中华人民共和国成立以来的地域分化

中国的地域层级分化格局是随着改革开放的深入推进和20世纪末以来中国的快速城镇化进程而形成的。中华人民共和国成立初期,国家实行"全国一盘棋"的发展战略,划分城乡户籍,城市和农村两类地区内部社会资源分配的均等化程度较高。改革开放初期,农民从土地中解放出来,小城镇率先迸发活力,自下而上的改革使其最先跳出既有体制。20世纪末以来,中国的城镇化战略迅速推进,大城市发展潜力被激发,劳动力、资本等大量涌入大城市,大城市的优势地位及地域层级分化格局逐渐形成。

一 中华人民共和国成立后的地域发展战略

改革开放之前,计划经济体制是中国经济的基本特征。计划经济强调"全国一盘棋"(《前线》社论,1960),各部门、行业、地区的发展,都为全局建设服务。所谓"一盘棋",就是全国统一安排基本建设、统一安排主要产品生产、统一分配原材料和调拨物资(箫鸿彦,1959)。计划经济不仅强调整体对局部的控制,还强调局部的协作、平衡,包括各地区、各省市之间的相互协作和相互平衡。"国民经济的发展终究要保持一定的平衡,因此我们的职责是老老实实地去发现这种不平衡的现象(实事求是地选择或者调整新的比例),以促进新的平衡的出现"(宋泽,1959)。

从发展理念上看,追求均等化是计划经济时期经济发展的价值导向,"它是建立在社会主义集体荣誉的思想之上的,先中央后地方,先外地后内地,先人后己,舍己为人……我们通常把它叫作共产主义的风格"(宋泽,1959)。当时虽然存在区域之间的不均衡,但这种不均衡仅表现为经济体系内部生产力分布的不均衡,而且这种不均衡在朝着均衡、协调的方向调整。城市或区域之间的关系是计划经济体制下的分工合作关系,是国家生产机器的组成部分。这一时期的主导发展理念不是竞争和差异化,而是协作和均等化。

计划经济主导地域发展的典型事例,是始于20世纪60年代、历时15年之久、共投入2052亿元资金、影响几百万人的三线建设(张全景,2016)。20世纪60年代以前,我国的工业主要分布在华北、东北一带。后来中央出于国家安全和国防军事的考虑,决定将重工业向中西部地区迁移,轰轰烈烈的三线建设由此拉开序幕。按照当时的划定,一线为沿海地区,二线为京广线以东的中部地区,大西北和大西南为三线地区。这不仅是地理区域的划分,也覆盖了国防工业和整个国民经济体系(朱民强,2013)。出于国防战略考虑,三线建设项目偏僻而分散,即"山、散、洞"原则,不考虑当地的工业、人才、资金基础,建设几乎是从零起步,完全依靠物资和人员的调配。三线建设奠定了我国西北、西南地区的工业化基础,不只是工业的大调整、人员的大迁移,还是整个国民经济布局的一次大变革,是计划经济影响区域建设、服从全国大局的集中体现。

计划经济时期的区域经济调整改善了中华人民共和国成立前城市分布极不平衡的状况。1949年,东、中、西部地区城市数量分别占全国城市总量的51.1%、39.3%、9.6%。1978年,东、中、西部地区城市数量分别占全国城市总量的35.8%、43.5%、20.7%,城市在区域内的分布更加均衡。1970年后,在行政层级上,形成省级、地市级、县级和乡镇级四级规划;在规模上,形成城镇、小城市、中等城市、大城市和特大城市五级结构,等级结构趋向合理(温志雄,2017)。

在国民收入分配和社会公共服务上,改革开放之前地域差别集中表现为城乡二元差别,城乡内部均等化程度较高。中华人民共和国成立初期,我国进行了一场打碎阶级结构的均等化试验(李强,2013)。在农村,破除土地私有制;在城市,对私营工商业、城市私有房产和土地制度进行公有化改造。改变经济所有制之后,计划经济体制确立,以行政命令为手段、以平均主义为原则的资源配置制度得以施行。这样的社会背景下,区域差别主要体现为城乡差别,1950年和1979年全国城市投资总额都是农村的六倍以上(温志雄,2017)。城市内部均等化程度很高,甚至高于农村——改革前城市居民家庭人均收入的基尼系数只有0.16,而农村有0.31(李强,2013)。城市的"均等化"体现在收入分配、住房、就业、教育、基本医疗服务各个方面。从新中国成立初期到改革开放前,我国共实行了三种工资制度,依次为供给制和薪金制相结合的工资制、津贴和工资制并存的工资制、等级工资制(李亮,1996)。地域之间的差异主要体现在等级工资制中对全国十一类工资区的划分(徐忠,2012)。农村收入的差异主要体现在基于自然地理环境区分的沿海地区和内陆地区上,前者明显要高于后者;在社会公共服务上,农村也具备均等化特征,如20世纪六七十年代,农村地区的合作医疗制度覆盖了大约90%的农村人口(李强,2013)。

二 改革开放初期城乡发展变化

改革开放初期,城市还在为改革旧体制而徘徊时,农村和小城镇率先迸发了活力。农村土地制度改革之后,农业生产效率迅速提升,解放了大量农村剩余劳动力。东部沿海开放口岸的设立,吸引了外商投资,带动了一批乡镇企业的发展。改革开放初期,农村改革的成绩比城市更加亮眼,下面从农村工业化和农民增收两个方面具体分析。

第一,农村工业化浪潮兴起,乡镇企业蓬勃发展,自下而上地加快了我国工业化的步伐。1983年农村政社分设之前,称乡镇企业为"社队企业",指由公社、生产大队办的集体所有制企业(张毅、肖湘,1983)。在公社、大队更名为乡镇、村之后,社队企业也随之更名为乡镇企业,1984年,乡镇企业被正式写入中央4号文件(李维森,1987)。乡镇企业组织形式多样,打破了"城市从事工业生产,农村从事农业生产"的城乡二元产业分工体制,是基层创新活力的集中体现(王禄英,1983)。不同区域乡镇企业的发展,受地理条件、资源条件、历史因素的影响(孙方明、白若冰,1983)。

乡镇企业活力巨大。1986年,乡镇工业的固定资产额不到城市国营工业的1/10,但乡镇工业在整个工业中所占的比重却达到21.6%(周国强,1987);1987年,乡镇企业的工业总产值第一次超过农业总产值,吸纳了农村1/5的劳动力(李维森,1987)。乡镇企业的增长势头迅猛,1986年,乡镇工业总产值的增长额占全国工业总产值增长额的40%,远超城市各级各类国营企业;1987年,乡镇工业总产值增长势头仍然迅猛,约占当年全国工业总产值增长额的32.3%。1984~1986年我国工农业产值及乡镇企业发展状况见表2-2（李维森，1987）。

表2-2 1984~1986年我国工农业产值及乡镇企业发展状况

单位：亿元，万人，%

年度	工农业总产值	乡镇企业总产值	占工农业总产值百分比	乡镇企业从业人员	占农村劳动力百分比
1984	10832	1700	15.7	5208	14
1985	13336	2700	20.2	6416	18
1986	15104	3380	22.4	7600	20

第二，收入方面，农民依靠农副业拓展收入渠道，城市职工在改革后较长一段时间内收入没有变化。经济体制松绑后，农村经济商品化起步，农民依靠出售农副产品实现收入增长，总体收入结构中农业收入比重下降，工副业收入比重上升。如1982年，天津全市农业基本核算单位的总纯收入中，工副业收入占58.48%（包永江，1983）；根据1980年国家统计局对全国27个省市自治区农民的抽样调查，农户出售各种农副产品的平均现金收入为48.6元，占其纯收入的3/4以上（董昊，2018）。这一时期，农村生产能手、专业户能力优势显现，出现一批农村"万元户"（傅明、肖艳丽，2005；宋佳，2016）。反观城市，在改革开放之后的近十年内，职工收入仍然沿袭计划经济时期的工资等级制，按照"8级技术工人""12级高教教师""24级国家干部"等序列发放工资，职工除了固定的工资收入鲜有其他收入。二三十元、30年不变的"死"工资，是城镇职工的收入常态（傅明、肖艳丽，2005）。20世纪80年代初实行的价格双轨制，导致"拿手术刀的不如拿剃头刀的，搞原子弹的不如

卖茶叶蛋的"这种"脑体倒挂"现象（殷红霞，2003）。一方面，计划经济限制了体制内城市职工的收入；另一方面，市场经济放开了体制外的经营自主权，使农民和城市个体经营者成为较先享受改革成果的人群（李强，1996）。80年代中后期，企业放开职工收入限制之后，城市职工的收入才逐渐提高。就经济活力和发展势头来看，改革前期的体制松绑给乡镇个体经营者、农民带来的发展活力大于城市职工群体。

在体制转轨和市场转型的社会背景下，计划经济时期的城乡二元分割出现了中间地带，小城市和城镇成为新的增长点，也成为国家鼓励农民流入的地域。1989年，《中华人民共和国城市规划法》明确"严格控制大城市规模，积极发展中等城市和小城市"，鼓励形成"离土不离乡，进厂不进城"的农村工业化模式，从法律层面确立了城镇发展方针（温志雄，2017）。总之，这一阶段基层的农村和小城镇发展势头迅猛，改革和发展的活力较为突出，而大城市发展受到的限制较多。

三 20世纪末开始的城乡、城市加速分化

中国由计划经济向市场经济转变的过程可分为两个阶段。第一个阶段，体力劳动者、农民迅速参与到市场经济中，脑力劳动者聚集的城市体制内仍受制度束缚，出现"脑体倒挂"现象。第二个阶段，市场经济的发展超出农业、制造业的基础行业范围，金融业、房地产业、科教文卫事业向市场经济转轨，脑力劳动者的收入迅速攀升（李强，1996）。两个阶段的背后是乡镇和城市相继释放了市场潜力。从制度角度分析，农村和乡镇从计划经济体制中获益较少，当制度变迁时，农村和乡镇的改革成本

不高，更容易迸发活力；城市是原有体制的获益者，只有到旧体制难以为继、新体制预期收益更高时，才会加入改革中来（李强，1996）。一旦大城市挣脱制度束缚，其劳动力、资本、知识、技术、土地等市场要素的优势要远远超出农村和小城镇，发展的势头也会迅速显现。具体表现为城乡之间发展差距越来越大，城市之间出现明显分化，逐渐形成目前的地域层级分化格局。

城乡发展差距拉大体现为城乡人均可支配收入及城乡投资总额的差距拉大（见图2-2、图2-3）。20世纪80年代中期以前，农村改革成效显著，城乡人均可支配收入差距一度缩小，但在90年代尤其是进入21世纪之后，城镇人均可支配收入的增长幅度远超农村，城乡差距日益加大。1985年，城镇人均可支配收入是农村的1.86倍，1995年增至2.51倍，2013年增至3.03倍（温志雄，2017）。在社会投资额方面，2013年城镇投资升至40万亿元，对农村的投资却在5万亿元以下，甚至一度下降。一方主要依靠政府财政投入的城市基础设施建设，另一方主要依靠集体投入或村民集资实现的农村建设，城乡分化日益明显。

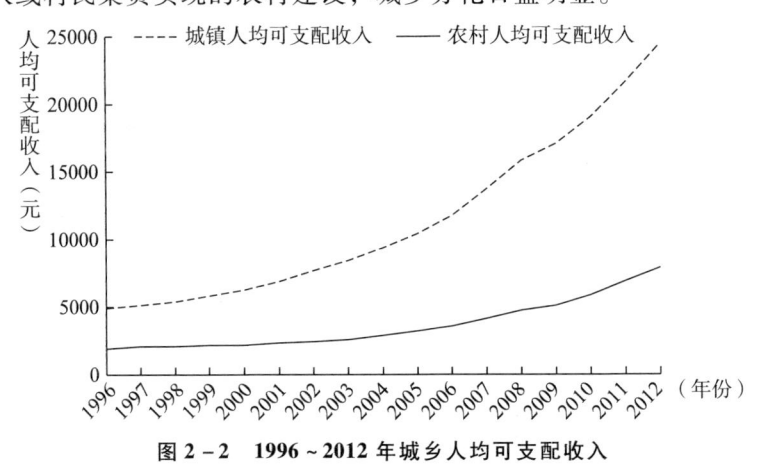

图2-2 1996~2012年城乡人均可支配收入

资料来源：温志雄，2017。

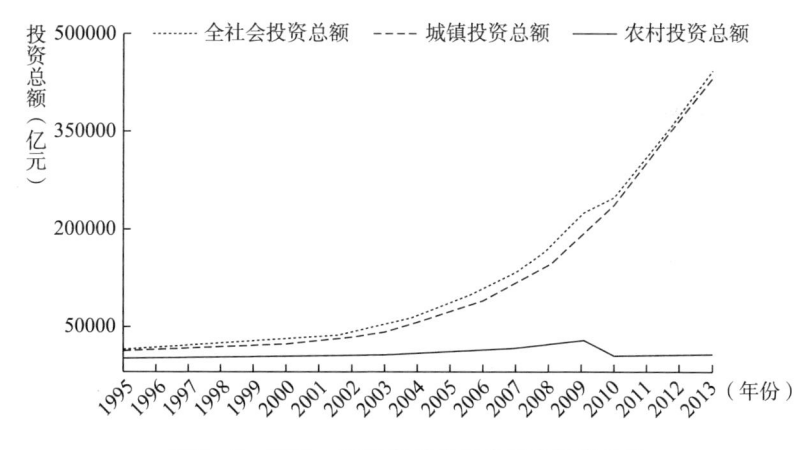

图 2-3　1995~2013 年城乡和全社会投资总额

资料来源：温志雄，2017。

地域层级分化还表现为城市之间的发展差距拉大，且出现竞争关系。前文提到，1989 年城市发展规划要求限制大城市规模，鼓励农村居民向小城市、城镇转移，实际情况是，小城镇没能留住农村居民，大量剩余劳动力反而涌入大城市。人口流动的后果是大城市人口过载和小城市、城镇出现人口萎缩。据统计，2000 年人口过百万的城市有 38 个，其人口占全国城市人口的 1/3；2011 年人口过百万的城市数量增长到 63 个，其人口占全国城市人口的比重升至 48.2%。2000 年，20 万以下人口的城市有 363 个，其人口占全国城市人口的 18.5%；2011 年，这一比例下降到 10% 以下（温志雄，2017）。人口向大城市集中的过程，也是资金、技术、产业等向大城市集中的过程。至此，中国城市体系逐渐形成大城市加速扩张、小城市或小城镇萎缩的局面，城市间的差异化发展呈长期趋势（武永清，2017）。

进入 21 世纪之后，"一、二、三线城市"的说法逐渐出现，并被学者应用在房地产市场的分析中。随着公众对房地产市场及其分化的关注度越来越高,这种说法逐渐被公众熟知和接受(于炜霞、沈蕾,2000;肖静,2016;陈淮,2016)。城市之间的分化集中地体现在不同城市的房价差异上。如果对房价差异进一步追溯,可以具体表现为不同层级城市之间的级差地租以及公共服务供给水平的差异(陈若芳,李碧珍,2018;陈淑云、唐将伟,2014)。经济领域的地域层级分化伴随着民生和文化领域的分化,形成了综合的地域层级格局。

地域层级形成的背后有城镇化这一深刻的社会变革背景。改革开放之前,户籍政策通过严格限制人口流动,严控农村人口进城,阻碍城镇化发展;改革开放之后,国家政策调整为以经济建设为中心,城市作为巨大的增长机器,是人类社会最具规模和最有效能的组织方式,城镇化成为中国经济发展的强大引擎。

1992年,中国进入全面建设社会主义市场经济时期,城镇化进程在全国迅速推进(李强等,2013)。此后一二十年间,城镇化成效显著：1990~2000年,中国城市数量由467个增长到663个,建制镇数量由9322个增长到19692个；城市人口居住密度由每平方公里279人增长到每平方公里超过1000人(李强等,2013)。但是城市的快速扩张引发了许多问题,较为突出的有三个方面：一是城市发展中各级、各类开发区盲目建设；二是低质量的城镇化问题,即进城人口无法享受城市待遇,处于"半城市化"状态；三是中小城市的城镇化滞后于超大、特大城市(李强等,2013),即城市发展出现层级差异。针对上述问题,国家调整实施"新型城镇化"战略,提出"人的城镇化"；学者也提出"就近城镇化""就地城镇化"等建议(李强、陈振华、张莹，2015），以建立合理有序的城市体系，实现更高质量的城镇化。

第三节 本章小结

本章主要通过文献回顾和相关数据分析中国地域层级分化的表现，并通过中华人民共和国成立以来地域发展差异的纵向比较说明当前中国地域层级分化的变革过程。本章的主要目的是充实"地域层级"这一概念。后文有关出生地效应与优质高等教育就学机会、大城市就学机会、大城市就业机会等分析，都是由地域层级发展而来的。

第一，本章说明当前中国的地域层级分化是社会资源在不同地域的综合性分化，体现为"政治经济社会区域体"之间的分化，具体表现为经济、民生和文化领域的分化。

第二，本章通过回顾中华人民共和国成立以来中国地域层级分化的相关问题，说明地域层级分化是在改革开放和城镇化深入推进的社会背景下形成的。中华人民共和国成立初期，社会分化主要表现为城乡分化，城市之间差异不大；追求均等化的发展理念，力求各部门、各地区平衡、协调的发展。计划经济时期，国家重要战略削弱了地域发展不平衡程度。改革开放初期，农村和小城镇率先迸发了发展活力。随着改革开放的深入，城市释放出巨大发展潜力，拉开了城乡之间、城市之间的发展差距，并逐渐形成当前的地域层级分化格局。

本章的主要贡献在于就地域层级分化展开多角度讨论，并从历史发展中说明当前中国地域层级分化的特征，指出地域层级是作为"政治经济区域体"的分化而存在的,具有较强的综合性。当研究者关注中国社会结构,剖析影响个人生活机会的社会性因素时,需要注意到日益明显的地域层级分化格局。明确当前中国地域层级分化的特征是研究出生地层级影响高等教育机会的基础。

第三章 去哪上大学？

——出生地对高等教育就学地选择的影响*

本章的主要目标是分析大学生高等教育就学地选择的影响因素，包括影响主体、高等教育动机、城市因素及高校因素四个方面，来说明学生就学地选择的出生地效应。需要说明的是，就学地选择既包括对就读大学的选择，也包括对就读城市的选择（李强、孙亚梅，2018）。本章通过高等教育就学地选择影响因素的描述分析以及相关资料，回答大学生在做出"去哪上大学"这一高等教育决策时，对不同的信息来源、高等教育动机、城市和高校的重视程度。同时，通过比较不同出生地的学生在高等教育就学地选择上的差异性，说明出生地对高等教育就学地选择的影响。

第一节 研究问题与分析方法

目前国内对高等教育就学地选择的研究多数是基于抽样调查数据围绕"择校"展开的，涉及的因素包括父母亲友、大学

---

* 本章部分观点已通过文章《去哪上大学？——高等教育就学地选择的影响因素研究》发表于《清华大学教育研究》2018年第6期，观点重合部分在文中亦有标注。

教学质量、所在城市、就业前景、学校排名等（刘自团，2012a；孙凯、张劲英，2013；李玉琼、程莹，2015；王处辉、余晓静，2004；肖洁、卜林，2010）。还有学者关注学生先天背景对就学决策的影响（刘自团，2012a，2012b，2012c）。但是，现有研究在样本代表性和调查项目全面性方面有所欠缺，没有覆盖硕士生，且没有反映高等教育诸多变化趋势，如市场的逐步介入和教育国际化对就学地选择的影响（李强、孙亚梅，2018）。另外，已有研究对城市各类因素的分析不全面，没有指出城市的哪些方面更受学生重视。本书认为，在地域层级分化背景下，学生对高等教育的选择超出学校本身，其更关注高等教育的环境和未来发展的前景。因此，本书关于就学地选择的调查既注重大学层面的指标，也涵盖城市层面的指标，旨在展示大学生就学地选择和未来规划的全面图景。

一 问题设计

就学选择部分设计了四组五级李克特量表，分别对影响因素的指标进行测量。学生按照"极为重要""较为重要""有一点重要""比较不重要""完全不重要"对各影响因素做出判断。问卷问题的设计在参考既有研究的基础上，充分考虑当代青年群体特征，同时着力于反映市场化、高等教育国际化等新趋势的影响（李强、孙亚梅，2018）。

第一组问题旨在了解就学地选择的影响主体及其重要性，即不同信息源的重要性。与以往研究不同的是，本书加入"专业中介机构"这一项目，测量就学决策的市场化影响。第二组问题旨在测量学生的个人期望在就学地选择中的影响力，即高等教育动机的重要性。本书加上了面向职业的实用性动机和面向体验的价值性动机的相关问题。另外,笔者设计了"离开家、父母"和"让父母骄傲"这对相异项目,了解学生对原生家庭的态度。第三组问题面向城市,涵盖经济、文化、距离等多个指标。第四组问题围绕学校展开,询问大学各项因素对学生的重要性。调查加上了学校提供的国际化学习机会的相关问题,以了解不同学生的教育国际化需求。

二 分析方法

本章分别针对高等教育就学地选择的影响因素,进行以下分析。

第一,描述全体学生对各影响因素的重视程度。首先呈现学生对不同影响因素重视程度的百分比,然后将"极为重要"到"完全不重要"分别进行赋值,分数越高,表示重要程度越高,取值范围为 5 到 1。计算各项的平均分并按照平均分排序,以便更清晰地看出学生对不同项目的重视程度。均值越高,说明该项目越重要(李强、孙亚梅,2018)。

第二,描述不同出生地的学生对各影响因素的重视程度。将全部学生按照关键自变量出生地进行拆分,分为六个群体:出生地是一线城市的学生、出生地是二线城市的学生、出生地是三线城市的学生、出生地是四线城市的学生、出生地是五线及以下城市(镇)的学生和出生地是农村地区的学生。分别描述不同出生地的学生在做出高等教育就学地选择时更看重哪些方面,并以重要性评分为依据对各影响因素的重视程度进行排序。

第三,通过方差分析和回归分析,探索出生地对高等教育就学地选择的影响。本章以各影响因素的重要性评分和出生地层级为分析变量进行单因素方差分析，探讨各组之间的均数是否有显著差别，进而说明出生地对高等教育就学地选择的影响体现在哪些方面。方差齐性检验结果显示，绝大多数项目通过检验。最后将出生地层级视为定距变量，并以出生地层级为自变量、各影响因素的重视程度得分为因变量进行回归分析，探讨回归系数大小以及是否显著，说明出生地对高等教育就学地选择的影响力大小。标准差越大说明该项目在学生中的内部差异越大，学生意见越不统一（李强、孙亚梅，2018）。

第二节 影响主体

一 对各影响主体的重视程度

本部分分析学生在做出"去哪上大学"的决定时，对各影响主体的重视程度。

图3-1显示，父母是影响学生做出高等教育决策最重要的人。认为父母意见极为重要的学生占两成，认为较为重要和有一点重要的学生占62.81%。父母意见的重要性远远超过其他任何一项，印证了社会上"高考考孩子，志愿考家长"的说法。父母主导孩子就学地的选择，孩子能否去到合适的大学，父母搜集信息和做出判断的能力至关重要（李强、孙亚梅，2018）。"父母之爱子，则为之计深远"，在可能影响孩子未来人生走向的选择上，父母最有资格，也最有义务帮助孩子谋划人生的重要一笔。在大部分访谈中，能明显感受到填报志愿时父母角色

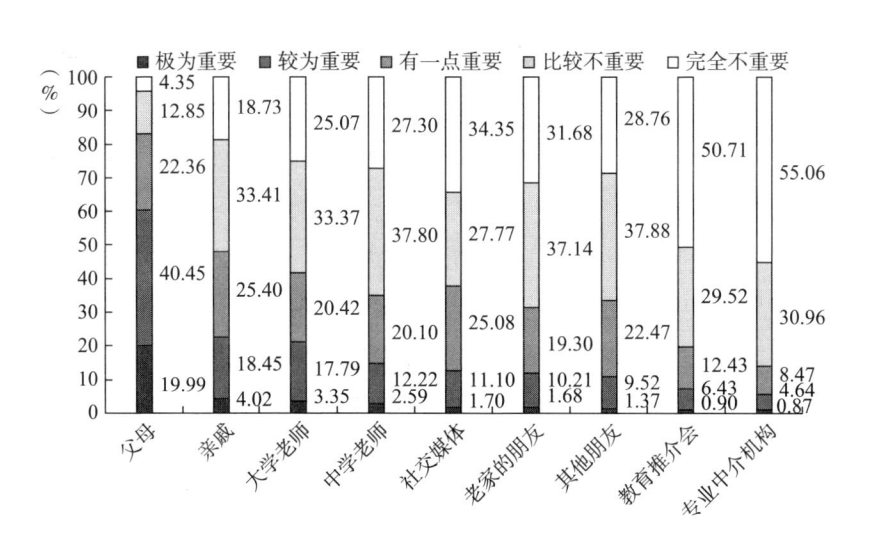

图 3-1　各影响主体重视程度

的重要性，甚至有些父母表示，孩子的高等教育选择就是自己替他们决定的。

> 她懂什么，肯定是我帮她选的。她一直在学校里上学，刚高中毕业，不懂什么，也没有进入社会，就知道学习。都是我带她去看的。我想着先选一个学校，把她送进去再说。（D父亲）

即使不是"包办"，家长也会向孩子提出某些限定条件。如被访学生G在访谈中转述了家长对她的要求："他们给我指了一个大方向。我妈对我的要求只有两个，一是不能离家太远，太远的那些地方就不能报，所以我就只看了陇海线上的地方。二是要吃饭方便，因为我们是回族，我妈想让我去一个吃饭方便的地方。有个大方向让我选，我选完之后他们帮我筛。他们会提要求，我尽量符合他们的要求就行了。"

有些家长自己没有想法，但是会调动社会关系网络，作为一个信息节点为孩子传达有价值的信息。

你想想我在这个县也生活几十年了，各方面的人多少也认识一两个。我问了很多人，能跟他们要点儿意见。（E父亲）

亲戚是学生选择就学地时重要的信息资源网络（调查中4.02%的调查者认为极为重要、18.45%认为较为重要，25.40%认为有一点重要）。在访谈中，部分大学生表示在填报志愿时与有教育经验的长辈、正在上大学的哥哥姐姐请教过。也有家长提到另一种现象，访谈对象I母亲说："都是家里边自己定的。现在，其他人不敢参与这个事，你按照他们的意见报完了，万一以后结果不好了，落埋怨知道吗？一般问人家，人家不愿意参与这个事，说好说不好都是一辈子的事。"这透露出由于高等教育决策关系重大，亲戚虽有重要性，但不能与父母和其他直系家庭成员的影响力相提并论。

师长是继亲戚之后，为学生提供高等教育相关建议的重要主体（见表3-1），而且大学老师的影响力（2.41分）稍大于中学老师（2.25分），选择大学老师的重要程度在"有一点重要"及以上的占41.56%，中学老师为34.91%。根据访谈结果，中学老师提供给学生的建议不多，不是学生在做就学地选择时的主要求助对象。相较而言，大学老师比中学老师更了解高等教育，他们的意见也更受学生重视（李强、孙亚梅，2018）。

当今社会，互联网的影响力巨大，各类社交媒体、网络平台成为信息传播的载体。调查数据显示，社交媒体在就学地选择上的重要性与同辈群体大致相当，约1/3的学生认为该项的重要程度在"有一点重要"及以上。对于网络信息，学生大多表示可以参考，比如G同学说："我当时看了那些花里胡哨的介绍。因为其实你来这个学校之前，根本就不懂这个学校到底是什么样，也不知道真实情况是什么。所以我只能说，我刚开始就是被学校硬件的介绍给影响的，就感觉还挺厉害的。……另外报志愿那段时间，学校贴吧上真是一片祥和，大家都在鼓励这些要来的学生，把学校描绘成特别好的地方，然后大家就这样入坑了。"

教育推介会能为学生和家长了解高校提供平台，高校师生的"现身说法"是学生和家长了解大学的直接、权威、准确的信息源。但由于覆盖面不广或宣传效果有限，其重要性得分仅为1.77分，甚至落后于社交媒体（2.18分）。选择该项"极为重要"和"较为重要"的学生分别仅占0.90%和6.43%，这说明教育推介会的预期作用没有充分发挥出来，在学生中的影响力十分有限。访谈中有个别学生和家长提到曾在高考后参加过当地教育局组织的教育推介会，但作用不大。

目前市场上出现了付费咨询的专业中介机构，提供有关高考志愿填报的市场化服务。本次调查反映出，受这些机构影响的人较少，超半数的学生完全不受其影响，仅有5%左右的学生认为该项"极为重要"和"较为重要"，重要程度在各影响主体中垫底。访谈中，Q家长提到给孩子在报志愿时找了专业中介机构："我儿子在考大学的时候，考得不好，我们那时候觉得，第一，问学校老师，问学校的业务校长，他是最有经验的；第二，我们有一些社会上的专业指导，（指导）孩子报志愿的。

比如说帮一个孩子报志愿，报成功了，收 2000 块钱，有这么一种职业叫顾问，考大学的顾问。另外，我们亲戚里面还有几个教授，有三四个教授，也咨询了他们，我们也算征求了他们的意见。但是有时候，确实是从家长的心态来讲，都是亲戚，孩子考这么差，不好意思问，知道吗？"由此可见，围绕高等教育的咨询服务虽已出现，但市场化程度并不高，父母和亲戚师友仍是学生选择就学地的主要影响者。但在某些情况下，如 Q 家长提到的"不好意思"问亲友的情况，市场上的专业中介机构是他们又一个信息来源。

表 3-1 各影响主体重要程度评分及排序

单位：分

重要程度排序	项目	平均分	标准差
1	父母	3.59	1.08
2	其他家庭成员、亲戚	2.56	1.11
3	大学老师	2.41	1.14
4	中学老师	2.25	1.06
5	社交媒体	2.18	1.08
6	其他朋友	2.17	0.99
7	老家的朋友	2.13	1.03
8	教育推介会	1.77	0.96
9	专业中介机构	1.65	0.88

二 不同出生地学生对各影响主体的重视程度

将学生根据出生地层级分为六组，分别计算不同出生地学生对各影响主体的重视程度得分并排序（见表 3-2）。

不同出生地的学生对各影响主体的重视程度，既有一致性，也有差异性。一致性主要体现在各影响主体的重要性排序上，最重要的三项都分别是父母、亲戚和大学老师，最不重要的两项都是教育推介会和专业中介机构，总的来看六组学生没有太大差别。

表3-2 不同出生地学生对各影响主体重要程度评分及排序

单位：分

影响主体	一线城市		二线城市		三线城市		四线城市		五线及以下城市（镇）		农村地区	
	排序	得分	排序	得分	排序	得分	排序	得分	排序	得分	排序	得分
父母	1	3.761	1	3.605	1	3.697	1	3.629	1	3.611	1	3.542
其他家庭成员、亲戚	2	2.425	2	2.363	2	2.445	2	2.569	2	2.502	2	2.627
大学老师	3	2.292	3	2.294	3	2.318	3	2.510	3	2.276	3	2.476
中学老师	4	2.149	4	2.174	4	2.187	5	2.226	4	2.153	4	2.304
其他朋友	5	2.138	6	2.021	5	2.110	6	2.034	6	2.098	5	2.245
社交媒体	6	2.092	5	2.111	7	2.085	4	2.258	7	2.079	6	2.235
老家的朋友	7	1.828	7	1.821	6	2.087	7	2.019	5	2.110	7	2.222
教育推介会	8	1.733	8	1.596	8	1.687	8	1.779	8	1.712	8	1.830
专业中介机构	9	1.547	9	1.513	9	1.639	9	1.665	9	1.604	9	1.683

但是，各组学生对各影响主体的重要性排序相似，并不意味着他们对各项的重视程度没有差别。各组学生的差异性主要体现在具体评分上（见表3-2）。例如，对于父母的影响力，来自一线城市的学生打出的平均分是3.761分，而来自农村地区的学生打出的平均分是3.542分，说明相对农村地区学生而言，一线城市学生受到父母的影响更多。方差分析的结果也显示，父母在各组学生中的影响力有差别，这种差别在0.10的水平上显著。回归结果证明，出生地层级越低，在选择就学地时

受到父母的影响越小（回归分析时，自变量是出生地层级，1为一线城市，因变量是重要程度，1为完全不重要）。

访谈资料为这样的结果提供了例证。

> 因为我们老家是农村的，没有太多人的意见可以参考。像农村，他们没有太多的经验，文化程度也不高，所以他们能给你的只可能是生活上，还有物质上的支持，……学业这方面他们帮不了你太多，主要还是你自己做决定。我自己也不懂，随便一选就这样了。随便选择专业就上了，其实也没有考虑太多。一直将错就错，但是也无所谓，都行。（N同学）

> 孩子到高三，家长也都互相探讨，一般比较留意这方面的信息。他爸爸经常看这个东西，拿着那个大本（指志愿填报指南）看。他（孩子父亲）当时上学的时候就学的这个专业，他学的就是这个。（A母亲）

两段访谈对话既反映了城乡差异，也反映了父母社会资本和文化资本的差异。城镇家庭的子女比农村家庭的子女能从家庭中获得更多建议。父母的文化资本和社会资本能够转化为子女就学选择的优势，父母通过提供更多信息加大子女选择的空间。

总体来看，不同出生地的学生都最重视父母的意见，其次是社会关系网络，最不重视教育推介会和专业中介机构的意见。方差分析表明，不同出生地学生对不同的影响主体的重视程度有显著差别（见表3-3）。回归分析结果表明，出生地层级越低,在选择就学地时受父母的影响越小,而受亲友、师长等社会网络的影响越大。需要注意的是,各项目的回归系数虽然都在0.05的水平上显著,但数值都在0.1以下,甚至大部分项目在0.05以下,这说明出生地对各影响主体的重要程度有显著影响,但影响力度不大。

表 3-3 各影响主体的组间差异

影响主体	方差分析		回归分析	
	F 值	$Prob > F$	系数	$P > |t|$
父母	1.96	0.081	-0.035	0.007
其他家庭成员、亲戚	4.00	0.001	0.055	0.000
大学老师	4.07	0.001	0.040	0.003
中学老师	2.38	0.037	0.034	0.009
老家的朋友	9.53	0.000	0.079	0.000
其他朋友	4.83	0.000	0.047	0.000
专业中介机构	2.18	0.054	0.028	0.008
教育推介会	3.83	0.002	0.043	0.000
社交媒体	2.92	0.013	0.032	0.013

第三节 高等教育动机

一 对各项就学动机的重视程度

本部分分析学生在选择高等教育就学地时,各项就学动机的影响力大小。图3-2显示了学生对各项就学动机的重视程度。

学生最为重视职业发展前景和实现个人潜力这两项体现自我发展的项目,分别有32.43%和30.10%的学生认为"极为重要"(见图3-2)。对学生而言,高等教育是一条必要途径,通过上大学找到好工作，实现个人发展才是最终目的。以未来工作和个人发展为导向的想法，显示出学生选择高等教育的实用主义倾向，体现了学生对高等教育的工具性期望。访谈中，不少学生及家长提到在选择大学和专业时会考虑将来的工作。

> 我直观地觉得，他以后要学点有技术含量的东西，不要太空洞了，自己内心有点底气。你看他现在学影视剪辑，影片制作的剪辑就有点技术。就是说，孩子起码要有一个谋生的手段。（Q母亲）

增加阅历、接触不同背景的人和过自己想要的生活这三项的重要性评分紧随其后，分别为 3.96 分、3.83 分、3.73 分（见表 3-4）。分别有 28.11%、22.08% 和 26.68% 的学生认为这三项"极为重要"（见图 3-2），说明学生在选择就学地时，除了实际工作的考虑，还想满足"世界那么大，我想去看看"的愿望（李强、孙亚梅，2018）。学生上大学不仅是为了将来的职业发展，还想通过接受高等教育认识不同的人、经历不同的事，在多样化的体验中扩展生活的广度。这体现了学生对高等教育的价值性期望，暗含学生对高等教育多元化的期待（李强、孙亚梅，2018）。

> 当时主要还是因为得出去外面见一下世面的感觉。什么叫见世面，什么叫不见世面，我自己也没有一个明确的规定。但是我觉得如果你在家门口上学和出来上学，肯定就是完全两种不同的感觉。多体验不同的感觉，会对自己

的人生有些帮助。(Q 同学)

近 1/4 的学生将"与众不同"这一项视为较为重要和极为重要。经过高中阶段的紧张学习和高考的洗礼,学生在走进大学之前的学习和生活经历具有较强的同质性。做出高等教育就学地和专业的选择,意味着能够在未来体验不同的大学生活,也是一个机会,让压抑已久的个性在一定程度上得到释放。随着社会的进步,价值观趋向多元化,对个人选择具有更大的包容性,青年学生对个性的追求更加明显。学生成年前后正是青春激扬、张扬个性的阶段,不想被既定的框架限定人生的走向,"为了不同而不同"的想法可能会影响他们的就学地选择。调查显示,学生中认为"与众不同"重要(极为重要 6.62%,较为重要 17.50%,有一点重要 24.76%)和不重要(比较不重要 35.40%,完全不重要 15.72%)的比例大致相当。

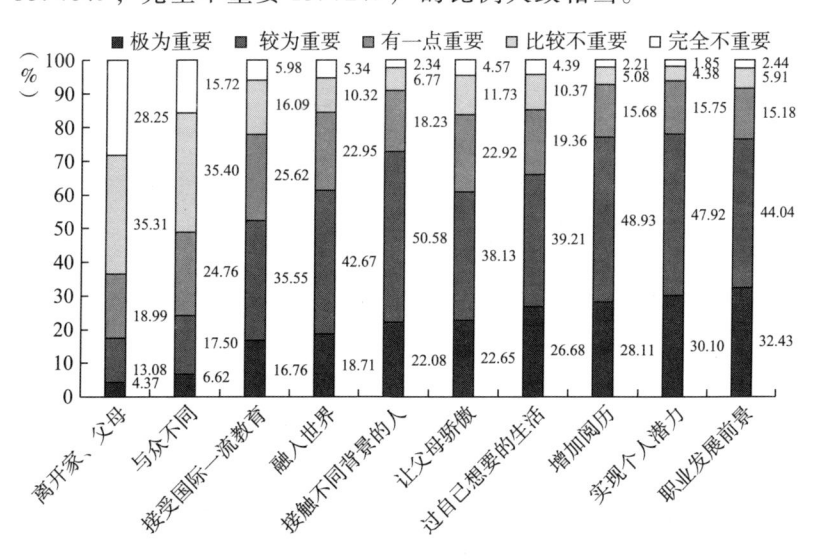

图 3-2 各就学动机的重视程度

孩子上大学对一个家庭来说意义重大。孩子上好大学，意味着父母的教育投入得到初步回报，意味着孩子对父母的付出有了交代，上好大学甚至被赋予光耀门楣的意义。在教育动机的调查中，"让父母骄傲"的重要性位列第六，有22.65%的学生认为该项极为重要，38.13%认为较为重要，不到两成的学生认为让父母骄傲并不重要。

"离开家、父母"这一就学动机并不是大多数孩子的主动选择。尽管该项相对其他项目来说得分最低（2.30分），但仍有不少学生认为该项在选择就学地时极为重要（4.37%）和较为重要（13.08%）。从青年社会化的角度来说，上大学是父母影响力逐渐减少、朋辈群体和外部环境影响力逐渐增大的过程，是青年人从原生家庭中独立的机会。对家庭教养方式严格、亲子关系紧张的学生而言，他们可能更想挣脱束缚，去父母无法过多干涉的地方学习生活。访谈中，有学生表现出了逆反心理，表示想通过上大学进入一个完全陌生的环境，脱离父母的约束。

> 我报大学的时候就一条原则，不去有亲戚的地方，怕他们管我。1996年我爸妈从四川来新疆，四川有一些亲戚在，当时我爸妈也想让我去四川，但是我说什么也不去。也不是和他们关系不好，就是不想让人管，感觉不舒服。（T同学）

表3-4 各就学动机重要程度评分及排序

单位：分

重要程度排序	项目	平均分	标准差
1	实现个人潜力	4.00	0.89

续表

重要程度排序	项目	平均分	标准差
2	职业发展前景	3.98	0.97
3	增加阅历	3.96	0.92
4	接触不同背景的人	3.83	0.93
5	过自己想要的生活	3.73	1.10
6	让父母骄傲	3.63	1.09
7	融入世界	3.59	1.07
8	接受国际一流教育	3.41	1.12
9	与众不同	2.64	1.14
10	离开家、父母	2.30	1.14

目前，教育国际化的趋势对国内教育事业，尤其是高等教育提出新的挑战。有数据显示，出国留学是学生放弃高考的重要原因（王夏曦，2015）。调查结果显示，高等教育国际化趋势不仅影响出国留学的学生，也影响国内学生的教育选择。虽然相对个人动机的其他方面而言，"融入世界"和"接受国际一流教育"这两项的得分排名不靠前，但从绝对数量上来看，仍然是学生选择就学地的重要考虑因素（李强、孙亚梅，2018）。超过60%的学生认为在选择就学地时，"融入世界"极为重要或较为重要，超过一半的学生认为"接受国际一流教育"极为重要或较为重要。访谈中在问到大学生是否愿意出国时，他们的回答普遍是肯定的。这说明学生开始对高等教育提出更高的要求，希望能够接受高质量的、与国际接轨的教育。

二 不同出生地学生对各就学动机的重视程度

本部分分析不同出生地的学生对就学动机的重视程度。通过分组计算得分并排序得到表3-5。从表3-5可以看出，尽管不同出生地的学生对就学动机的重要性排序稍有差异，但都表现了对高等教育较强的工具性期待和价值性期待，都较为重视未来职业发展，且重视通过高等教育增加生活阅历。在排序上出现明显差异的项目有"职业发展前景""融入世界""让父母骄傲"等几项。

进一步的方差分析和回归分析可以显示出在各项就学动机项目上，不同出生地学生的重视程度差异是否显著。方差分析显示，实现个人潜力、职业发展前景、让父母骄傲、与众不同四项在 0.01 的水平上显著；融入世界、过自己想要的生活两项在 0.05 的水平上显著。回归分析显示，在职业发展前景、融入世界、过自己想要的生活、让父母骄傲四项上，回归系数在 0.01 的水平上显著；在实现个人潜力、与众不同两项上，回归系数在 0.05 的水平上显著（见表 3-6）。方差分析和回归分析的结果说明，上述项目在不同出生地的学生中的重视程度有显著差异，下面择其重点进行分析。

实现个人潜力和职业发展前景都是高等教育的工具性期待。呈现出学生的出生地层级越低，对高等教育的工具性期待越高的趋势。就职业发展前景来说，一线城市学生的重视程度评分是 3.589 分，农村地区学生的重视程度评分上升至 4.036 分，且回归系数相对较高（0.052）。这说明，对于出生地为大城市的学生来说，就业不是难事，在选择就学地时也不将其看作重要的关注点；而出生于小城市和农村的学生，更重视高等教育能为他们的未来带来什么，更关注接受高等教育之后的生存问题。对不同出生地的学生而言，其成长的起点不同，未来规划也不同，这种差异反映了出生地层级对就学地选择的影响。

本身父母就是在会计金融方面工作的。作为家长来说，我当时想叫我闺女还学会计和金融。到时候学出来，就业我们都能帮上忙，单位都比较好进。父母考虑的，都是想着哪好就业，哪个行业比较好，不考虑别的了。（K 母亲）

表 3-5　不同出生地学生对各就学动机重要程度评分及排序

单位：分

就学动机	一线城市		二线城市		三线城市		四线城市		五线及以下城市（镇）		农村地区	
	排序	得分	排序	得分	排序	得分	排序	得分	排序	得分	排序	得分
增加阅历	1	3.789	2	3.845	1	3.976	3	3.956	1	3.990	3	3.970
实现个人潜力	2	3.722	1	3.954	2	3.937	1	4.129	2	3.988	2	4.024
接触不同背景的人	3	3.711	4	3.773	4	3.843	4	3.849	4	3.822	4	3.851
职业发展前景	4	3.589	3	3.845	3	3.918	2	4.022	3	3.949	1	4.036
融入世界	5	3.539	7	3.437	6	3.580	7	3.533	7	3.529	7	3.647
过自己想要的生活	6	3.522	5	3.639	5	3.711	5	3.759	5	3.672	5	3.791
接受国际一流教育	7	3.300	6	3.454	8	3.399	8	3.444	8	3.351	8	3.422
让父母骄傲	8	3.244	8	3.353	7	3.571	6	3.544	6	3.569	6	3.731
与众不同	9	2.511	9	2.651	9	2.613	9	2.533	9	2.503	9	2.704
离开家、父母	10	2.189	10	2.269	10	2.362	10	2.244	10	2.325	10	2.300

"让父母骄傲"在不同学生群体中的重要性明显不同。具体来说，出生地层级越低，越想通过高等教育让父母骄傲，高等教育对其而言具有更多向上流动的意义。一线城市学生在该项的评分是 3.244 分，排第 8 位，随着出生地层级的降低，对

该项的重视程度逐渐上升，农村地区的学生对该项的评分为3.731分，呈现明显的上升趋势。"让父母骄傲"这一项的回归系数在各就学动机中最大，且非常显著。这充分说明出生地层级较低的学生承载了家庭和父母更多的期望。

在"过自己想要的生活"这一项上，一线城市学生的评分是3.522分，排第6位，随着出生地层级的下降，评分呈上升趋势，农村地区学生的评分达到3.791分，且排序有所上升。方差和回归分析结果显示，不同出生地层级的学生之间差异显著，出生地层级越低，越期待"过自己想要的生活"（见表3-6）。这一结果表明，对大城市的向往，在出生地层级较低的学生群体中表现得更为明显。

表3-6 就学动机的组间差异

就学动机	方差分析		回归分析	
	F 值	$Prob > F$	系数	$P > \|t\|$
增加阅历	1.55	0.169	0.021	0.051
实现个人潜力	3.65	0.003	0.027	0.012
接触不同背景的人	0.68	0.641	0.015	0.168
职业发展前景	5.61	0.000	0.052	0.000
融入世界	2.49	0.029	0.036	0.005
过自己想要的生活	2.35	0.039	0.036	0.005
接受国际一流教育	0.62	0.685	0.004	0.765
让父母骄傲	9.32	0.000	0.083	0.000
与众不同	3.33	0.005	0.028	0.036
离开家、父母	0.60	0.698	0.005	0.731

第四节 对城市的选择

一 对城市各项指标的重视程度

本部分分析学生在做出"去哪个城市上大学"的决定时对城市各项指标的重视程度。图 3-3 显示了学生在选择就学城市时对城市各项指标的重视程度。

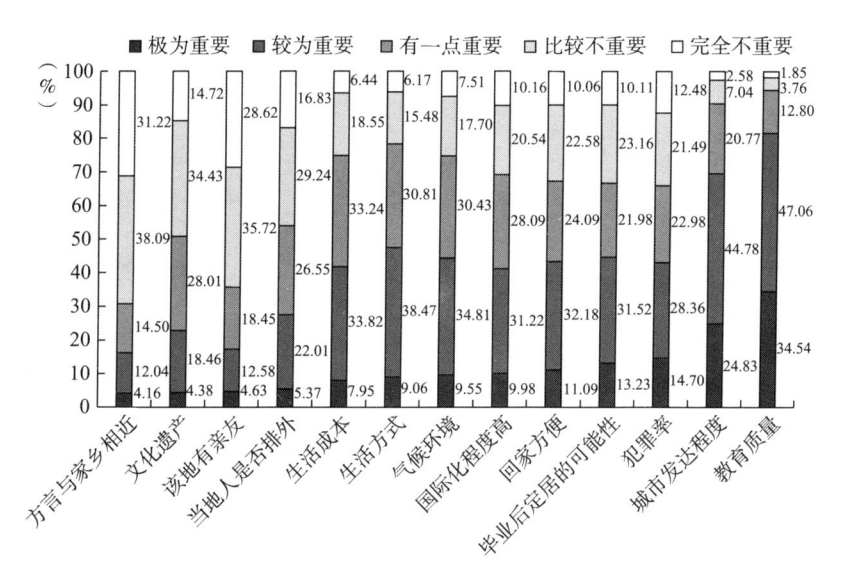

图 3-3 城市各项指标的重视程度

表 3-7 表明,城市各项指标中教育质量和城市发达程度极为重要。教育质量的重要性得分最高(4.09 分),且标准差最小(0.88),毫无疑问成为学生在选择就学地时最看重的因素。有 34.54% 的学生认为教育质量极为重要,47.06% 的学生认为较为重要(见图 3-3)。归根到底,学生选择就学地的基本要求是接受教育,教育质量的高低自然成为学生最重要的参考依

据（李强、孙亚梅，2018）。

城市发达程度是继教育质量之后第二重要的影响因素。近七成学生反映，选择就学地时比较看重城市发达程度，仅有不到一成的学生对该因素不予考虑。这说明学生不仅希望通过高等教育学习专业技能，为以后的求职做知识储备，还希望通过上大学增加阅历、丰富体验。越发达的地区社会分工越复杂精细，生活方式越丰富多元，也越能满足学生增长见识的需要。学生在选择就学城市时对城市发达程度的重视与高等教育动机是契合的。被访者I母亲的回答提供了例证。

> 我闺女只想去大城市，比如武汉、西安、北京、南京。她看学校，首先看环境、地理位置在哪，只想着几个大点儿的城市，希望去大城市发展，环境好、学校都不错的大城市，这几个省会城市也都希望去看看。……除了学习，社会上的东西还是能多学学，包括社会实践什么的，多参与一点。以后要参与社会，社会和学校是两个方面，学校里面没有那么多的复杂性，社会就不一样了，现在开始就要参与。你看她在北京的时候去参加志愿者，咱们这个地方不会提供那种在大城市可以参加的活动。在咱们这都非常熟悉了，再接触接触也没什么。我说出去尝试尝试也行，有挑战性。（I母亲）

表3-7 城市各项指标重要程度评分及排序

单位：分

重要程度排序	项目	平均分	标准差
1	教育质量	4.09	0.88

续表

重要程度排序	项目	平均分	标准差
2	城市发达程度	3.82	0.97
3	生活方式	3.29	1.03
4	气候环境	3.21	1.08
5	生活成本	3.18	1.03
6	毕业后定居的可能性	3.15	1.21
7	回家方便	3.12	1.17
8	犯罪率	3.11	1.25
9	国际化程度高	3.10	1.15
10	当地人是否排外	2.70	1.14
11	文化遗产	2.63	1.08
12	该地有亲友	2.29	1.14
13	方言与家乡相近	2.20	1.13

生活方式、气候环境、生活成本、毕业后定居的可能性、回家方便、犯罪率、国际化程度高等指标的重要性得分在3.10～3.30分，是学生在选择就学城市时较为看重的方面（李强、孙亚梅，2018）。对生活方式和气候环境的重视甚至略高过对生活成本的重视。不同地域之间生活方式、气候环境的差异，关系到大学生能否顺利适应大学生活，因此，受到学生的关注。

在犯罪率、回家方便两项上，认为"极为重要"的比例均超过10%。对女性群体来说，综合治安情况是影响她们选择就学地的重要因素。学生认为毕业后定居的可能性极为重要和较为重要的比例超过40%。对定居于就学地的考虑，反映了学生想要通过高等教育实现地域迁移的意愿。D父亲在访谈中提到，其女儿想在大城市发展，他在选学校的时候就把范围限定为一线城市。对很多学生来说，未来的计划从就学时期就开始实施了。

学生不太关注城市是否排外、在该地有亲友或方言与家乡相近等因素,这是因为大学生大多数时间在校园中度过,生活环境简单,当地人的方言或对外地人的态度如何,对他们而言并不重要。

二 不同出生地学生对就学城市各项指标的重视程度

对不同出生地的学生来说,对就学城市各项指标的重视程度既有一致性,也有差异性。一致性主要体现在对各项指标的重要性排序上,六组学生中排在第一位和第二位的指标(教育质量、城市发达程度)相同,排在最后四位的指标(当地人是否排外、文化遗产、该地有亲友、方言与家乡相近)也相同(见表3-8)。这说明,不管来自哪里的大学生,最重视的都是教育本身和学习环境,他们并不排斥进入陌生的、没有亲友支持的环境。学生对城市各方面重要程度排序的差异,主要体现在国际化程度高、回家方便、生活成本、毕业后定居的可能性等项目上。

方差分析的结果显示,影响学生就学城市选择的13个项目中,不同出生地层级学生对国际化程度高、回家方便、生活成本、文化遗产、该地有亲友、方言与家乡相近六项的重视程度存在显著差异($p<0.01$)。回归分析结果显示,国际化程度高、回家方便、生活成本、毕业后定居的可能性四项的回归系数在0.01的水平上显著且系数正负不一;城市发达程度、文化遗产、方言与家乡相近三项的回归系数在0.05的水平上显著且系数正负不一(见表3-9)。方差和回归结果表明,不同出生地层级的学生对就学城市各项指标的重视程度不同,在有些项目

上出生地层级越高，越重视，有些则相反。下面选择其中差异较大的指标进行重点分析。

表3-8 不同出生地学生对城市各项指标重视程度评分及排序

单位：分

城市因素	一线城市		二线城市		三线城市		四线城市		五线及以下城市（镇）		农村地区	
	排序	得分	排序	得分	排序	得分	排序	得分	排序	得分	排序	得分
教育质量	1	4.244	1	4.155	1	4.082	1	4.125	1	4.050	1	4.077
城市发达程度	2	3.989	2	3.941	2	3.828	2	3.769	2	3.809	2	3.807
国际化程度高	3	3.533	4	3.234	5	3.148	8	3.173	8	3.055	9	3.056
生活方式	4	3.494	3	3.305	3	3.256	3	3.354	3	3.216	3	3.296
回家方便	5	3.222	7	3.071	9	2.856	9	3.022	9	2.960	5	3.229
气候环境	6	3.211	5	3.192	4	3.220	6	3.238	6	3.188	6	3.202
犯罪率	7	3.101	6	3.109	8	2.972	5	3.239	7	3.087	8	3.128
生活成本	8	3.067	8	3.021	7	3.030	4	3.246	6	3.098	4	3.269
毕业后定居的可能性	9	2.978	9	2.962	6	3.101	7	3.217	5	3.170	7	3.181
当地人是否排外	10	2.629	10	2.695	10	2.646	10	2.845	10	2.746	11	2.681
文化遗产	11	2.618	11	2.519	11	2.497	11	2.636	11	2.571	10	2.701
该地有亲友	12	2.596	12	2.227	12	2.140	12	2.368	12	2.221	12	2.313
方言与家乡相近	13	2.228	13	2.100	13	2.052	13	2.140	13	2.030	13	2.311

"国际化程度高"这一项的方差和回归分析结果表明，不同出生地学生的重视程度存在显著差异，即出生地层级越高越重视就学城市的国际化程度。一线城市学生将该项重要性排在第3，评分为3.533分。随着出生地层级的下降，对该项的重视

程度也随之降低,二、三、四线城市的学生对该项的重要性排序分别是第4、第5和第8,农村学生仅排在第9位,重要性评分也下降至3.056分。可以看出,学生对就学城市的期待和要求是递进的、有层级的,对出生地为小城市和农村地区的学生来说,期待去国内的发达城市,不要求就学城市与国际接轨;对本身就成长在大城市的学生来说,他们不仅对就学城市有要求,还对城市的国际化氛围提出更高的要求。访谈中,一位来自广州并在北京上学的S同学说,她在报考的时候只想过广东和北京两个地方。在她看来,大城市是想当然的选择。

不同出生地的学生对生活成本的重视程度呈现明显差异,出生地层级越低越重视生活成本。一线城市的学生将生活成本的重要性排第8,随着出生地层级下降,重视程度总体呈上升趋势,农村地区学生将生活成本的重要性排在第4位。一般情况下,大城市的收入水平和生活成本要高于小城市,对本身就在大城市生活的学生来说,就学城市的生活成本大概率跟家庭所在城市的生活成本相当或者更低。但如果学生来自收入和消费水平较低的小城市和农村地区,就要关注就学城市的生活成本是否在家庭的承受范围之内。因此,出生地层级低的学生在选择就学城市时,对生活成本更敏感。

表3-9 城市各项指标的组间差异

城市各项指标	方差分析		回归分析	
	F 值	$Prob > F$	系数	$P > \|t\|$
教育质量	1.17	0.322	-0.018	0.083
城市发达程度	1.55	0.172	-0.023	0.045
国际化程度高	4.32	0.001	-0.055	0.000

续表

城市各项指标	方差分析		回归分析	
	F 值	$Prob > F$	系数	$P > |t|$
生活方式	1.53	0.178	-0.009	0.446
回家方便	9.36	0.000	0.058	0.000
气候环境	0.10	0.992	-0.003	0.833
犯罪率	1.57	0.166	0.014	0.332
生活成本	6.41	0.000	0.058	0.000
毕业后定居的可能性	2.08	0.066	0.038	0.008
当地人是否排外	1.36	0.235	0.000	0.971
文化遗产	3.47	0.004	0.044	0.014
该地有亲友	3.46	0.004	0.009	0.506
方言与家乡相近	7.29	0.000	0.030	0.023

在回家方便和方言与家乡相近这两项上，方差分析显示出组间的显著差异，即出生地层级越低，越倾向于选择方便回家和方言与家乡相近的就学城市。可能的解释是，从区域经济和文化的关系上来说，一个地区经济越发达，文化也随之越开放和多元，而一个地区经济越落后，文化也相对闭塞和保守。相对大城市的学生，来自小城市和农村的学生可能更保守、更"恋家"。另外，小城市和农村的普通话普及率没有大城市高，来自这些地区的学生可能在讲普通话上存在劣势，因而更希望在离家近的区域就学，淡化语言劣势带来的不利影响。

第五节 对学校的选择

一 对学校各项指标的重视程度

本部分直接面向择校问题，分析学生在做出"去哪所大学就学"的决定时,对学校各指标的重视程度。图 3-4 显示学生在择校时,对学校各指标的重视程度。

大学和专业排名因权威性、简洁性、易得性等优势成为学生高等教育决策的重要参考信息(李强、孙亚梅,2018;李玉琼、程莹,2015)。调查结果印证了排名的重要性,并且显示学科专业排名、开设合适的专业的重要性超过学校综合排名。如图 3-4 所示,26.65% 的学生认为学科专业排名极为重要,23.78% 的学生认为学校综合排名极为重要。在选择大学时,开设合适的专业、学科专业排名和学校综合排名的重要性得分位列前三(见表 3-10)。

从对学生和家长访谈的分析可以看出,在择校过程中"不吃亏"的行为逻辑,即在高考分数的基础上,选择排名尽可能靠前、名望较高的高校或专业,从而使高等教育的象征价值最大化。无论外部因素如何复杂,个体情况如何多样化,学生和家长在选择就学地时最基础的条件是高考成绩,成绩是他们划定范围、筛选高校的首要基准。几乎每个访谈对象在回答"如何确定去哪上大学"的问题时,首要提及的因素都是高考分数。

> 反正是压线走的,一分不吃亏,也不占便宜。不能说不占便宜,在录取的学生中比一本分高的多着呢,她正好不吃亏。(D 父亲)
> 你要按她当时的成绩选学校,她考的分数高,但是上这个学校有点儿亏。(I 母亲)

以上是两位家长在评价孩子报考志愿时给出的回答，前者压着分数线被录取，认为是最成功的选择，后者超出了分数线，被认为是"有点儿亏"。"不吃亏"是基于高考分数的择校逻辑。

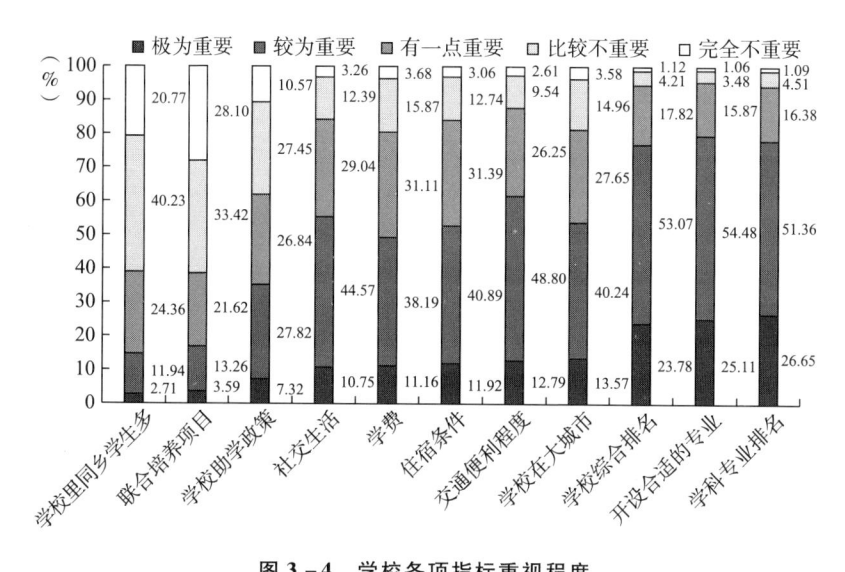

图 3-4 学校各项指标重视程度

在开设合适的专业、学科专业排名和学校综合排名之后，学生在择校时重点考虑的因素依次为交通便利程度、社交生活、住宿条件、学校在大城市（见表 3-10）。认为上述几项极为重要的学生占比均超过 10%，有一点重要及以上的学生占比均超过 80%。上述结果与学生的高等教育期待是联系在一起的。学校如果具备便利的交通、丰富的社交生活且坐落在繁华的大城市，就能提供更大的空间供学生探索，学生就更有可能得到增加阅历、丰富体验的机会，从而在高等教育阶段学习专业知识之外的其他生活技能、增长见识。

表 3-10 学校各项指标重要程度评分及排序

单位：分

重要程度排序	项目	平均分	标准差
1	开设合适的专业	3.99	0.80
2	学科专业排名	3.98	0.84
3	学校综合排名	3.94	0.83
4	交通便利程度	3.60	0.92
5	社交生活	3.47	0.95
6	住宿条件	3.46	0.96
7	学校在大城市	3.45	1.02
8	学费	3.37	1.00
9	学校助学政策	2.94	1.12
10	学校里同乡学生多	2.36	1.02
11	联合培养项目	2.31	1.12

学生较为看重住宿条件（3.46 分），对住宿条件的重视程度甚至超过学费（3.37 分）。11.92%的学生表示住宿条件极为重要，40.89%的学生认为其较为重要，仅有 15.80%的学生表示不太考虑住宿条件。该项的标准差较小，说明学生普遍重视学校的住宿条件。网络上报道的相关热点事件放大了大学生对宿舍硬件条件的要求，如网络平台频现大学生通过写诗、作词、唱歌等喊话校长，要求装空调。

上大学意味着进入新的环境，能够结识来自全国各地不同背景的同学，但对一部分学生而言可能是挑战。在这种情况下，同乡的地缘关系连接可以给学生提供诸多心理支持。在择校的考虑因素上，学校里同乡学生多这一项的得分较低，认为该项极为重要和较为重要的学生占比不到 15%，这说明适应新环境对大部分学生来说不是问题。访谈中，有学生表示希望在大学认识更多的同学。S同学来到北方上学,认为来到新城市,认识不同人非常有益。

> 我觉得在外地上学,人际关系可能更广阔一些,视野更开阔。不同城市、不同地域的人还是差别挺大的。其实我觉得带给你的,不仅仅是你认识了新的朋友,也会给你带来很多其他的东西,开拓了一个新的世界。(S同学)

数据显示,高等教育国际化的浪潮在一定程度上影响国内学生的择校。关注并重视联合培养项目的学生接近四成(3.59%的学生认为极为重要,13.26%的学生认为较为重要,21.62%的学生认为有一点重要)。对有出国意愿的学生来说,学校设置的联合培养项目是其选择高校的重要考虑因素之一。

二 不同出生地学生对学校各项指标的重视程度

对学校各项指标的重视程度上,不同出生地的学生表现出了一致性和差异性。一致性体现在排序的分布上,对六组学生来说排在前三位的均为开设合适的专业、学科专业排名、学校综合排名,排在后三位的均为学校助学政策、学校里同乡学生多、联合培养项目。对交通便利程度、社交生活等项目的重视程度,学生群体之间没有显著差别(见表3-12)。学生普遍希望在接受高等教育的同时,借助学校的平台与社会建立更多的连接,得到更多交往和锻炼的机会(李强、孙亚梅,2018)。

在某些项目上,虽然排序差别不大,但具体评分存在相对重要性和绝对重要性的差别。如六组学生中学校助学政策的排序都为第9，但一线城市学生的评分低于其他地区的学生，且与农村地区学生的评分相差最大（见表3-11）。

方差分析结果显示（见表3-12），不同出生地的学生对学校在大城市、住宿条件、学费、学校助学政策、学校里同乡学生多这五项重视程度的差异均在0.01的水平上显著，对学校综合排名、联合培养项目这两项重视程度的差异在0.05的水平上显著。回归分析结果显示，学校综合排名、学校在大城市、学费、学校助学政策、学校里同乡学生多这五项的回归系数在0.01的水平上显著，联合培养项目这一项的回归系数在0.05的水平上显著，住宿条件这一项的回归系数在0.1的水平上显著，下面选择重点因素进行分析。

表3-11 不同出生地学生对学校各项指标重视程度的评分及排序

单位：分

学校各项指标	一线城市		二线城市		三线城市		四线城市		五线及以下城市（镇）		农村地区	
	排序	得分	排序	得分	排序	得分	排序	得分	排序	得分	排序	得分
该校开设合适的专业	1	4.044	3	4.029	1	3.986	2	4.033	1	3.958	1	3.989
学校综合排名	2	4.022	2	4.063	3	3.967	3	4.018	3	3.922	3	3.911
学科专业排名	3	3.989	1	4.080	2	3.967	1	4.044	2	3.948	2	3.974
交通便利程度	4	3.667	5	3.639	4	3.540	4	3.616	4	3.539	4	3.612
学校在大城市	5	3.633	4	3.640	5	3.516	7	3.489	6	3.390	8	3.413
住宿条件	6	3.629	8	3.515	7	3.497	5	3.554	7	3.326	7	3.462
社交生活	7	3.522	7	3.506	6	3.507	6	3.509	5	3.431	6	3.463
学费	8	3.078	8	3.038	8	3.171	8	3.322	8	3.190	5	3.552

续表

学校各项指标	一线城市		二线城市		三线城市		四线城市		五线及以下城市（镇）		农村地区	
	排序	得分	排序	得分	排序	得分	排序	得分	排序	得分	排序	得分
学校助学政策	9	2.444	9	2.481	9	2.639	9	2.879	9	2.709	9	3.174
学校里同乡学生多	10	2.256	10	2.247	11	2.252	11	2.300	10	2.210	10	2.443
联合培养项目	11	2.189	11	2.205	10	2.270	10	2.358	11	2.190	11	2.365

关于学校在大城市这一项，学生的出生地层级越高，对其重视程度越高。一线城市学生对该项的评分是3.633分，重要程度排第5位。随着出生地层级的降低，该项评分呈下降趋势，四线城市、五线及以下城市（镇）和农村地区学生的评分均在3.5分以下，排名有所下降。我们从访谈中也能得到例证，如农村地区的学生N"随便一选"确定了大学和专业。对他而言，去哪个城市并不重要，都比自己家庭所在的地区更好；而出生地为一线城市的学生S说，自己根本没想过去一线城市以外的地方上学。这种差别说明，对就学城市的要求随着学生出生地层级的上升而上升，学生在地域层级上有向上流动或至少不向下流动的趋势。

表3-12　学校各项指标的组间差异

学校各项指标	方差分析		回归分析	
	F值	Prob > F	系数	P > |t|
该校开设合适的专业	0.52	0.764	−0.008	0.384
学校综合排名	2.31	0.042	−0.030	0.002
学科专业排名	1.17	0.320	−0.013	0.186

续表

学校各项指标	方差分析		回归分析	
	F 值	Prob > F	系数	P > |t|
交通便利程度	1.01	0.412	0.001	0.912
学校在大城市	3.50	0.004	-0.046	0.000
住宿条件	3.28	0.006	-0.021	0.066
社交生活	0.51	0.769	-0.013	0.243
学费	25.69	0.000	0.117	0.000
学校助学政策	38.54	0.000	0.164	0.000
学校里同乡学生多	6.28	0.000	0.051	0.000
联合培养项目	2.82	0.015	0.033	0.014

在学费这一项上，城乡差异明显，出生地为城市的学生排在第8位，较为靠后，而农村地区的学生将其排在第5位，将学费的重要程度排在住宿条件之前，说明对农村地区的学生来说，学费仍然是选择就学地的重要考虑因素，他们在择校时有更多的经济顾虑。不同出生地层级的学生对学校助学政策的关注程度有差异，出生地为小城市和农村地区的学生更重视学校助学政策。不同出生地层级的学生对联合培养项目的重要性评分也存在显著差异，学生出生地层级越低，越看重学校是否有联合培养项目。可能的解释是，相对于发达地区，不发达地区学生出国留学的机会更少，了解信息的渠道也更为有限，出生地为小城市的学生若有出国留学的想法，便会寄更多希望于学校提供的机会，希望借助学校跟国外高校或组织建立的联系达成出国留学的愿望。

出生地层级越低的学生，越希望学校里有更多的同乡学生。这说明出生地层级相对较低的学生对新环境下的生活和人际交往顾虑更大，更希望在进入高校之后有同乡的支持，通过原有的地缘关系建立新的社会网络。这与上文的分析类似，即经济越不发达，文化越偏向于封闭，个人行为越偏向于保守。体现在学生身上就是他们对适应新的环境更有顾虑，更希望与自己有相似背景和经历的同乡提供支持。

第六节 本章小结

本章分析了大学生就学地选择的影响因素，具体包括影响主体、就学动机、城市因素和高校因素四个方面，比较了不同出生地的学生对各个项目的重视程度差异。本章通过重要程度占比、重视程度排序、评分比较等方法，得出如下结论。

在影响主体方面，学生在选择高等教育就学地时，父母是影响最重要的人。除父母外，亲戚、大学及中学老师是重要信息来源，教育推介会、专业中介机构的影响力不大。在以排序为依据的各影响主体的相对重要性上，不同出生地的学生显示出一致性，即都认为父母最重要，专业中介机构和教育推介会等最不重要。在以评分为依据的绝对重要性上，出生地层级越低，在选择就学地时受父母的影响越小，而受亲友、师长等社会网络的影响越大。

在就学动机方面，高等教育呈现实用性和价值性并存的特点。通过高等教育"离开家、父母"并不是大多数学生的愿望；学生已对高等教育提出国际化要求。不同出生地的学生，对就学动机的重视程度存在显著差异。出生地层级越低，越重视职业发展前景，对高等教育抱有的工具性期待越高；出生地层级越低，向上流动的意义越大，流动意愿越明显。

在城市因素方面，学生普遍更看重教育质量和城市发达程度。学生对城市发达程度的重视，显示了学生就学城市选择与高等教育动机的契合性。在各项指标相对重要性上，出生地效应不明显。在以评分为依据的绝对重要性上，出生地层级越高，越重视就学城市的国际化程度，这反映了学生对就学城市的层级化期望；出生地层级越低，越重视生活成本，越倾向于选择回家方便和方言与家乡相近的就学城市。

在学校因素方面，学校开设合适的专业、学科专业排名和学校综合排名最受学生重视。住宿条件的重要性超过学费，是学生择校的重要影响因素。在各项指标相对重要性上，不同出生地的学生没有差别。在某些项目的重要性评分上，各组差异显著：出生地层级越高，越希望就学地在大城市；在学费和学校助学政策这两项经济指标上，出生地层级越低对其越重视，同时，越希望学校里有更多的同乡学生。

总之，出生地层级影响大学生对高等教育就学选择各影响因素的重视程度，高等教育就学选择存在出生地效应。不同出生地层级的学生，在高等教育影响主体、高等教育动机、城市因素和院校因素上有不同的选择偏好，这种偏好会影响他们的实际教育过程以及选择在不同城市就学的结果。

本章的主要贡献在于，证实出生地是影响大学生高等教育就学选择的社会结构性因素。大学生的高等教育选择，表面看是个体选择，受个体偏好这一随机性、个体性特征的影响，但本章的结论显示，在个体选择的背后，有社会结构性因素的制约。个体意愿背后透露的是客观条件的限制，这种限制将会影响学生后期的教育机会和发展机会。对出生地层级较低的学生来说，他们在高等教育信息获取上处于弱势，且受经济问题的制约较多。这可能使他们损失更好的教育机会和发展机会或阻碍他们进入更高层级的城市。为此，政府和高校应继续探索教育信息的有效发布方式，避免出生地层级较低的学生因信息缺失而错失教育机会。同时，应继续增加助学投入，通过设立完善的奖助体系为更多"寒门学子"进入理想的大学和城市消除障碍（李强、孙亚梅，2018）。

第四章 谁在好大学上学？
——出生地对优质高等教育入学机会的影响

第一节 研究问题与分析方法

一 研究假设

分析哪个群体进入重点大学的可能性更大，就是在解答优质高等教育入学机会差异问题。现有研究对优质高等教育入学机会分配的解释多集中在阶层和地区上，如 MMI、EMI 假设等。中国学者对这一问题的关注点之一是地域因素。中国实行分省招生计划、高校招生的属地优惠现象较为普遍，这就造成部分省份的学生因本省重点大学数量多而得到更多的优质高等教育入学机会。横向层面省域差别造成的优质高等教育入学机会差异已得到广泛证实。本书关注纵向的、层级的地域差别是否对优质高等教育入学机会产生影响；除传统的家庭背景因素外，出生地是否影响学生的高等教育入学机会。

根据阶层理论和布迪厄的资本理论，结合有关地域层级和出生地效应的剖析，本章提出以下假设。

1. 家庭背景优势假设

假设 a：具有家庭背景优势的学生，上重点大学的机会更大。

假设 a1 经济资本假设：家庭人均年收入越高的学生，越有可能上重点大学；

假设 a2 职业阶层假设：父亲职业阶层越高的学生，越有可能上重点大学；

假设 a3 文化资本假设：父亲受教育程度越高的学生，越有可能上重点大学。

2. 出生地优势假设

假设 b：具有出生地优势的学生，上重点大学的机会更大。

二 分析方法

本部分采用 logit 二元分析模型验证假设。因变量为能否上重点大学，是二分变量，因此使用 logit 模型是较为适合的。logit 模型使用最大似然估计（maximum likelihood），更适用离散因变量（布鲁雅，2018）。

第二节 变量描述与初步分析

本部分在分析之前，首先描述和解释纳入模型的各变量。①

因变量为获得优质高等教育入学机会，即能否上重点大学，该变量是二分变量。需要澄清的是，本书的调查对象包括本科生和硕士生，调查中所指的重点大学是本科阶段是否为"985/

---

① 由于部分变量有缺失值，且各变量缺失值数量不同，所以表中各变量频数总和不同。表中有效样本量、有效百分比均为排除缺失值之后的样本量、百分比。

211"大学。本科和硕士阶段的报考和入学体系不同,如果将两类学生放在一起,即使加入"本科/硕士"作为控制变量,也将产生较大误差。另外,模型的控制变量除了性别等人口学变量,还包括高中学业情况,这对控制硕士生的入学机会是不适宜的。权衡之后,选择将硕士生的本科就读学校纳入模型。

如表4-1所示,在重点大学读本科的学生占调查对象总数的1/3,这一比例与全国数据相比是偏高的,这与抽样设计中对样本高校的抽取相对应。抽样设计中,211高校有8所,接近样本高校总数(22所)的1/3。

表4-1 本科是否为重点大学变量描述

单位:%

因变量	值	值标签	有效样本量	有效百分比
本科是否为重点大学	0	非重点大学	2148	66.6
	1	重点大学	1078	33.4

控制变量包括性别、是否是独生子女等社会人口学信息,以及代表高等教育之前学习能力的两个变量(是否在重点高中就读,高中是否在班级排名前5%)。控制变量均处理为二分变量,分布情况见表4-2。

表4-2 优质高等教育入学机会的logit模型控制变量描述

单位:%

控制变量	值	值标签	有效样本量	有效百分比
性别	0	女	1852	57.0
	1	男	1399	43.0

续表

控制变量	值	值标签	有效样本量	有效百分比
民族	0	汉族	3042	93.6
	1	少数民族	209	6.4
独生子女	0	非独生子女	1995	62.0
	1	独生子女	1221	38.0
是否重点高中	0	非重点高中	1020	31.4
	1	重点高中	2224	68.6
高中学业	0	高中班级排名非前5%	2399	73.9
	1	高中班级排名前5%	848	26.1

家庭背景变量包括以下内容：家庭的经济资本变量，即以家庭人均年收入（元）为指标，计算方法为家庭年收入除以家庭人口数（见表4-3）。根据2017年第四季度民政部公布的低保标准，将家庭人均年收入不足各省低保线的，按照低保标准计算。考虑到收入数值差异较大会影响模型拟合，因此，纳入模型的数据为家庭人均年收入的对数。

表4-3 家庭人均年收入及对数变量描述

单位：元

变量	平均值	标准差	最小值	最大值
家庭人均年收入	29367.11	46947.92	3334.98	750000
家庭人均年收入的对数	9.74	0.98	8.11	13.53

家庭的文化资本变量以父亲的受教育程度为指标，分为初中及以下、高中或中专、大专或本科、硕士及以上四类。

家庭的阶层背景变量以父亲的职业阶层为指标。将父亲的活动状态变量与职业类型作为来源变量，按照图4-1所示的较为经典的戈德索普阶级分类图（李强，2011），生成父亲的职业阶层。根据中国实际情况，去掉"农场主"，将"小资产阶级"改为"中小企业经营者"，父亲实际职业阶层变量为六分类变量。

全部分类	7分类阶级	5分类阶级	3分类阶级
1.高层专业人员、行政管理人员和政府官员；大企业中的经理；大业主	1+2公务人员阶级		
2.较低层专业人员、行政管理人员和政府官员；高级技术人员；小企业中的经理；非体力雇员的监管人员			
3a.在较高级的（如行政和商贸）机构中的非体力雇用办事人员	3a+3b非体力办事人员	1~3白领工人	
3b.在较低级的（如销售和服务业）机构中的雇用办事人员			非体力工人
4a.雇用他人的小业主和手艺人	4a+4b小资产阶级	4a+4b小资产阶级	
4b.不雇用他人的小业主和手艺人			
4c.农场主；小股东；第一产业中的自我雇用者	4c农场主	4c+4b小资产阶级	
5.低级技术人员；体力劳动的监管人员			
6.技术体力工人	5+6技术工人	5+6技术工人	
7a.非农业的半技术体力工人	7a非技术工人	7a非技术工人	体力工人
7b.第一产业中的农民和其他雇工	7b农业体力工人		

图 4-1　戈德索普阶级分类

资料来源：李强，2011。

由此得出家庭背景变量如表 4-4 所示。

表 4-4　家庭背景各变量描述

单位：%

变量	值	值标签	有效样本量	有效百分比
父亲受教育程度	1	初中及以下	1674	53.0
	2	高中或中专	777	24.6
	3	大专或本科	646	20.4
	4	硕士及以上	64	2.0
父亲职业阶层	1	公务人员	677	23.2
	2	非体力办事人员	455	15.6
	3	中小企业经营者	346	11.9
	4	技术工人	571	19.6
	5	非技术工人	517	17.7
	6	农业体力工人	353	12.1

学生的出生地层级，也就是本书设计的六分类地域层级变量（见表4-5）。出生地层级越高（取值越低），说明学生越具有出生地优势。根据学生在问卷中填答的家庭所在地，按照地域层级的操作化定义进行编码。

表 4-5　出生地层级变量描述

单位：%

变量	值	值标签	有效样本量	所有学生有效百分比	城市学生有效百分比
出生地层级	1	一线城市	89	2.8	6.1
	2	二线城市	235	7.4	16.2
	3	三线城市	367	11.5	25.3
	4	四线城市	263	8.3	18.1
	5	五线及以下城市（镇）	496	15.6	34.2
	6	农村地区	1735	54.5	—

样本学生中，出生地为城市地区和农村地区的学生各占半数。出生地为一线城市的学生占总数的 2.8%，占城市学生的 6.1%。总体来看，一线城市的学生人数不多，但考虑到一线城市只有北、上、广、深四个城市，样本量偏小是可以理解的。出生地为二线城市，即省会城市和副省级城市的学生占总数的 7.4%，占城市学生的 16.2%。出生地为三线城市的学生占总数的 11.5%，占城市学生的 25.3%。出生地为四线城市的学生占总数的 8.3%，占城市学生的 18.1%。出生地为五线及以下城市（镇）的学生在所有城市来源学生中占比最多，超过 1/3，占学生总数的 15.6%。

第三节　家庭背景、出生地与优质高等教育入学机会

本节将关键自变量与因变量做成交叉表，观察不同背景学生的分布状况，初步验证家庭背景和出生地对优质高等教育入学机会的影响。为分析家庭经济资本与优质高等教育入学机会的关系，对本科学校是否是重点大学和家庭人均年收入做了方差分析，结果见表 4-6。

表 4-6　家庭人均年收入与其子女上重点大学的关系

单位：元

本科学校是否是重点大学	家庭人均年收入		F 值	$Prob > F$
	均值	标准差		
非重点大学	25555.9	42084.4	41.2	0.000
重点大学	36869.0	54578.5		

续表

本科学校是否是重点大学	家庭人均年收入的对数		F 值	Prob > F
	均值	标准差		
非重点大学	9.6	0.9	92.9	0.000
重点大学	10.0	1.0		

方差分析结果显示，上重点大学学生的家庭人均年收入均值为 36869.0 元，没有上重点大学学生的家庭人均年收入为 25555.9 元，两组均值相差 11000 多元。在 0.001 的水平上，上重点大学学生的家庭人均年收入显著高于没有上重点大学学生的家庭人均年收入。对家庭人均年收入对数的检验呈现相似结果，这初步说明了家庭经济条件与优质高等教育入学机会之间的相关性。

为考察家庭文化资本和职业阶层与优质高等教育入学机会之间的关系，根据变量特征，分别对父亲受教育程度、父亲职业阶层与其子女本科是否是重点大学做交叉表分析和卡方检验。结果分别见表 4-7、表 4-8。

表 4-7　父亲受教育程度与其子女上重点大学的关系

单位：人，%

本科学校是否是重点大学	父亲受教育程度			
	初中及以下	高中或中专	大专或本科	硕士及以上
非重点大学	1277	496	302	17
	76.7	64.7	47.2	26.6
重点大学	389	271	338	47
	23.3	35.3	52.8	73.4
总计	1666	767	640	64
	100.0	100.0	100.0	100.0

Pearson chi^2 = 231.7813，$Pr = 0.000$

数据显示，随着父亲受教育程度的升高，学生上重点大学的比例越来越高。在父亲接受过高等教育（受教育程度为大专或本科及以上）的学生中，上重点大学的学生比例超过一半。因此，父亲受教育程度与孩子能否上重点大学，呈现明显的级序相关。卡方结果初步证明了家庭文化资本与优质入学机会的相关性。

如表4-8所示，与父亲受教育程度的影响相似，父亲的职业阶层与孩子能否上重点大学同样具有相关性。随着父亲职业阶层的下降，孩子上重点大学的比例呈下降趋势。公务人员的孩子半数能上重点大学，非技术工人和农业体力工人的孩子上重点大学的比例不到前者的一半。这与以往研究的结论是一致的，即阶层优势可以转化为教育优势，在高等教育大众化时期，中上阶层的教育优势不仅体现为获得高等教育入学机会，还体现为获得优质高等教育入学机会。

表4-8 父亲职业阶层与其子女上重点大学的关系

单位：人，%

本科学校是否是重点大学	父亲职业阶层					
	公务人员	非体力办事人员	中小企业经营者	技术工人	非技术工人	农业体力工人
非重点大学	324	269	254	414	396	264
	48.3	59.5	73.8	72.6	76.9	76.1
重点大学	347	183	90	156	119	83
	51.7	40.5	26.2	27.4	23.1	23.9
总计	671	452	344	570	515	347
	100.0	100.0	100.0	100.0	100.0	100.0

Pearson chi^2 = 166.3777，Pr = 0.000

表 4-9 展示了出生地层级与优质高等教育入学机会之间的关系，六组不同出生地的学生中，上重点大学的比例差异明显，在 0.001 的水平上显著；虽然偶有波动，但总体趋势是：随着出生地层级的下降，学生上重点大学的比例也随之下降。一线城市学生上重点大学的比例接近 60%；二线城市学生与三线城市学生上重点大学的比例相近，分别为 50.4% 和 52.4%；四线城市学生和五线及以下城市（镇）学生上重点大学的比例相近，均在 39% 左右；出生地为农村的学生上重点大学的比例在六组学生中最低，为 22.4%。出生地层级与重点大学入学机会的交叉分析，初步证明了地域优势可以转化为教育优势，学生的出生地层级越高，上重点大学的机会越大。与以往的研究结论一致，出生地为农村地区的学生，在优质高等教育资源的获得上处于弱势。除城乡差异外，城市之间也呈现显著差异。

表 4-9 出生地与学生上重点大学的关系

单位：人，%

本科学校是否是重点大学	出生地					
	一线城市	二线城市	三线城市	四线城市	五线及以下城市（镇）	农村地区
非重点大学	37	116	172	160	301	1337
	41.6	49.6	47.6	61.3	60.7	77.6
重点大学	52	118	189	101	195	386
	58.4	50.4	52.4	38.7	39.3	22.4
总计	89	234	361	261	496	1723
	100.0	100.0	100.0	100.0	100.0	100.0

Pearson chi^2 = 219.9424，Pr = 0.000

第四节　优质高等教育入学机会的 logit 模型

本部分以本科学校是否为重点大学（"985/211"大学）为因变量，以家庭背景和出生地为自变量，建立 logit 模型。模型拟合结果见表 4-10。

基础模型（1）包括各控制变量。如果变量系数为正，说明相比于参照类，该类别更可能发生因变量所指示的事件。在模型（1）中，性别变量系数为正（1 为男生），且 $p<0.01$。说明控制模型中其他变量不变，男生相较女生更有可能上重点大学。具体来说，男生上重点大学的发生比的对数，比女生上重点大学的发生比的对数高 0.208 倍。计算得出 Exp（0.208）≈1.23，即男生的相对优势多出 23%（1.23 - 1）。简言之，男生比女生上重点大学的可能性更大，男生上重点大学的发生比是女性的 1.23 倍。尽管社会上出现了很多"男孩危机"的争论（禹丹凤等，2016），但数据显示，在获取优质高等教育机会上，男生比女生更有优势。

根据基础模型（1）中其他变量的数据结果，独生子女比非独生子女上重点大学的可能性更大，独生子女上重点大学的发生比是非独生子女的 2.12 倍。可能的解释是，独生子女独享家庭资源，且独生子女政策对在体制内工作的父母约束力更大，同时体制内工作的父母一般社会经济地位较高，其家庭背景优势可以转化为教育优势，因此数据就表现为独生子女上重点大学的可能性更大。高中学业相关的两个变量与日常认知相符，即就读于重点高中的学生比就读于非重点高中的学生上重点大学的可能性更大；在高中班级排名前5%的学生比班级排名非前5%的学生上重点大学的可能性更大。

表 4-10 优质高等教育入学机会的 logit 模型

	（1）基础模型	（2）家庭背景模型	（3）出生地模型	（4）家庭背景+出生地模型
男性	0.208**	0.245**	0.290***	0.287**
（女性为参照）	(0.080)	(0.095)	(0.084)	(0.097)
独生子女	0.753***	0.357***	0.395***	0.241*
（非独生子女为参照）	(0.081)	(0.102)	(0.089)	(0.106)
重点高中	0.951***	0.802***	0.851***	0.786***
（非重点高中为参照）	(0.094)	(0.112)	(0.098)	(0.115)
高中班级排名前5%	1.116***	1.170***	1.139***	1.154***
（高中班级排名非前5%为参照）	(0.089)	(0.105)	(0.092)	(0.107)
家庭人均年收入（对数）		0.142**		0.104+
		(0.055)		(0.057)
父亲受教育程度—初中及以下		.		.
（参照组)		.		
高中或中专		0.317**		0.221+
		(0.122)		(0.127)
大专或本科		0.606***		0.421*
		(0.157)		(0.164)
硕士及以上		1.283***		1.027*
		(0.369)		(0.400)
父亲职业阶层—公务人员		.		.
（参照组)				
非体力办事人员		-0.259+		-0.311*
		(0.149)		(0.152)
中小企业经营者		-0.639***		-0.600**
		(0.187)		(0.190)

续表

	(1) 基础模型	(2) 家庭背景模型	(3) 出生地模型	(4) 家庭背景+出生地模型
技术工人		-0.407 *		-0.365 *
		(0.163)		(0.166)
非技术工人		-0.447 *		-0.362 +
		(0.187)		(0.192)
农业体力工人		-0.322		-0.161
		(0.208)		(0.215)
出生地—农村地区（参照组）				
一线城市			1.404 ***	1.082 ***
			(0.239)	(0.292)
二线城市			1.110 ***	0.545 **
			(0.155)	(0.197)
三线城市			1.160 ***	0.737 ***
			(0.132)	(0.166)
四线城市			0.672 ***	0.419 *
			(0.149)	(0.184)
五线及以下城市（镇）			0.671 ***	0.296 *
			(0.118)	(0.150)
Constant	-2.134 ***	-3.264 ***	-2.435 ***	3.076 ***
	(0.102)	(0.577)	(0.112)	(0.597)

注：1. 系数为指数化的系数（exponentiated coefficients）；2. 括号内为标准误；3. $^+ p < 0.10$，$^* p < 0.05$，$^{**} p < 0.01$，$^{***} p < 0.001$。

模型（2）为家庭背景优势模型，即在控制变量外，加入家庭经济资本、文化资本和职业阶层背景变量。模型（2）的总体 R^2 为 0.135。该模型显示的控制变量拟合结果与模型（1）的结果类似，都为正向且显著，仅各变量发生比的具体数值略有差异。

家庭人均年收入（对数）变量的系数显著为正（$b=0.142$，$p<0.05$），说明在控制模型其他变量的前提下，家庭人均年收入越高的学生，上重点大学的发生比越大。家庭人均年收入的对数每增加一个单位，上重点大学的优势（发生比）就增加 15.0%，由 $1-\exp(0.142)$ 计算得来。简言之，家庭的人均年收入越高的学生上重点大学的可能性越大，a1 经济资本假设得到证明。

父亲职业阶层变量以"公务人员"为参照组。结果显示，其他各类的系数均为负数，且除最后一个阶层外都通过显著性检验，这说明在控制模型其他变量的前提下，相对于父亲是公务人员的学生，父亲是其他职业阶层的学生上重点大学的可能性更低。具体来说，父亲是非体力办事人员的学生，是父亲是公务人员的学生上重点大学的发生比的 0.77 倍；父亲是中小企业经营者的学生，是父亲是公务人员的学生上重点大学的发生比的 0.53 倍；父亲是技术工人、非技术工人的学生，分别是父亲是公务人员的学生上重点大学的发生比的 0.67 倍、0.64 倍；父亲是农业体力工人的学生与父亲是公务人员的学生的差异没有通过显著性检验。总的来看，父亲是较高职业阶层的学生上重点大学的可能性更大，a2 职业阶层假设基本得到证明。

父亲的受教育程度变量以"初中及以下"为参照组。结果显示，其他各类的系数均为正数，且全部在 0.01 的水平上显著，说明在控制模型其他变量的前提下，相对于父亲受教育程度是初中及以下的学生，父亲受教育程度更高的学生上重点大学的可能性更高。具体来说，父亲受教育程度为高中或中专的学生，是父亲受教育程度为初中及以下的学生上重点大学的发生比的 1.37 倍；父亲受教育程度为大专或本科的学生，是父亲受教育程度为初中及以下的学生上重点大学的发生比的 1.83 倍；父亲受教育程度为硕士及以上的学生，是父亲受教育程度为初中及以下的学生上重点大学的发生比的 3.60 倍。简言之，父亲受教育程度越高的学生越有可能上重点大学，a3 文化资本假设得到完全证明。

模型（3）为出生地优势模型。在控制变量外加入出生地变量，模型的总体 R^2 为 0.1221。该模型所显示的控制变量数值与上述模型中的效应类似。

出生地变量以出生地为农村地区为参照组。结果显示，各项的系数均为正数，且全部在 0.001 的水平上显著。这说明相较出生地为农村地区的学生，出生地为城市的学生获得重点大学入学机会的概率更高。具体来说，控制模型其他变量不变，出生地为一线城市的学生上重点大学的发生比是出生地为农村地区学生的 4.07 倍；出生地为二线城市的学生上重点大学的发生比是出生地为农村地区学生的 3.03 倍；出生地为三线城市的学生上重点大学的发生比是出生地为农村地区学生的 3.19 倍；出生地为四线城市的学生上重点大学的发生比是出生地为农村地区学生的 1.96 倍；出生地为五线及以下城市（城镇）的学生上重点大学的发生比是出生地为农村学生的 1.96 倍。简言之，出生地层级越高的学生上重点大学的可能性越大，b 出生地优势假设得到证明。

如果以农村地区为参照组仅能证明出生地为农村地区的劣势和城乡差异，那么以一线城市作为参照组，就更便于说明城市之间存在显著差异。调整出生地层级变量，以出生地为一线城市为参照组，结果显示各项的系数均为负数。但相较出生地为一线城市学生，出生地为二线城市和三线城市的劣势并不明显，呈现显著差异的只有出生地为四线城市、五线及以下城市（镇）学生和出生地为农村地区的学生。具体来看，出生地为四线城市和五线及以下城市（镇）的学生，是出生地为一线城市的学生上重点大学发生比的0.48倍；出生地为农村地区的学生是出生地为一线城市的学生上重点大学发生比的0.25倍。数据结果显示，出生地为一、二、三线城市的学生具有更大优势，出生地为农村地区的学生劣势最为明显。总之，出生地城乡差异、城市间的差异以及出生地层级较低的劣势，在本模型中均得到证明。

模型（4）涵盖家庭背景与出生地效应，R^2为0.1418。模型（4）的拟合度较模型（2）和模型（3）均有所上升，这说明模型（4）的拟合优度在三个模型中是最好的。模型（4）控制变量各效应的方向没有变化，影响仍然显著，但家庭背景各变量的系数和显著性有所变化，出生地效应变量的相关数值也有所调整。

家庭人均年收入的对数在模型（4）中的发生比由1.15下降至1.11，仅在0.10的水平上显著。较单独的家庭优势模型，在控制出生地变量之后，家庭经济资本的效应有所减弱。父亲的受教育程度各变量系数为负，影响方向未变，说明相较父亲是初中及以下的学生来说，父亲的受教育程度更高的学生上重点大学的可能性更大。模型（4）中父亲受教育程度各项的系数都较模型（2）略有下降。一方面说明家庭文化资本是学生上重点大学的显著优势，另一方面说明学生上大学的先天优势不只来自家庭，也来源于出生地。父亲职业阶层各项的系数在加入出生地变量后变化不大，这说明父亲职业阶层在影响学生获取优质高等教育入学机会方面的效应是显著和稳定的。

与模型（3）相比，在加入家庭背景变量之后，出生地各项的系数虽都有所下降，但都在 0.05 的水平上显著。控制家庭背景后，一线城市学生上重点大学的优势比仍是农村地区学生的 3 倍，由 exp（1.082）计算得来。同理计算出一线城市学生上重点大学的优势比分别是二、三、四线城市和五线及以下城市（镇）学生的 1.72 倍、2.09 倍、1.52 倍和 1.34 倍，总的来看，优质高等教育入学机会优势随着出生地的降低而减少。这说明在控制家庭背景效应之后，相较于出生地为农村地区的学生而言，出生地为城市的学生在获得优质高等教育入学机会上具有显著优势。

通过模型（4）与模型（2）、模型（3）的对比可以看到，在加入出生地变量后，家庭背景优势仍然显著，但各变量的效应稍有减弱；同样地，在加入家庭背景变量后，出生地优势变量同样显著，但优势略减。因此，相较单独的家庭背景模型和出生地模型，包含出生地和家庭背景模型的拟合度有所提升，这说明在解释优质高等教育入学机会差异时，仅考虑家庭背景或者出生地是不够的。

以往关于教育机会的研究多数关注家庭背景，包括父亲职业阶层、经济资本、文化资本、社会资本等，本章关于家庭背景优势的结论与已有研究相吻合，并发现，在中国现阶段各地区发展差异较大的背景下，出生地效应亦是研究教育机会需要考虑的重要方面，出生地对教育机会的影响力会随着城市、地区之间发展差距的变化而变化。通过优质高等教育入学机会这一社会稀缺资源的差异化分配，发现出生地对高等教育机会获得的显著影响，指明在家庭背景之外，出生地是造成机会获得差异的影响因素，是本部分研究的贡献所在。

第五节 本章小结

本章聚焦获得优质高等教育入学机会的影响因素，通过定量模型证明了出生地对优质高等教育入学机会的影响，即证明了高等教育起点上的出生地效应。

本章建立了包括家庭经济资本、文化资本和职业阶层在内的家庭背景优势假设，以及以大学生出生地层级为自变量的出生地优势效应假设。以是否获得优质高等教育入学机会为因变量建立 logit 模型，将家庭背景和出生地作为自变量逐步纳入模型，验证家庭背景优势假设和出生地优势假设。本章分别证实了家庭背景优势假设和出生地优势假设。在加入出生地变量后，部分家庭背景变量的效应有所减弱；在加入家庭背景变量后，出生地效应亦有所减弱，但模型总体拟合度有所提升。这说明，在解释优质高等教育入学机会差异方面，出生地变量能够在家庭背景变量外，起补充和完善作用。

本章的实证分析结果表明，出生地是影响高等教育入学机会的另一个因素。本章的主要贡献在于，发现影响高等教育起点差异的出生地效应；在社会阶层分化之外，发现地域层级分化对高等教育入学机会的影响；除家庭先赋因素外，超越城乡二元划分的地域层级因素，也是影响高等教育起点的重要因素。这一事实对教育政策的启示是，不同层级地域的基础教育差异是影响高等教育起点差异的重要因素。提升各地的基础教育均衡水平，能够使高等教育入学机会的分布更加合理。面对基础教育质量存在地域差异的既成事实，应当对地域层级较低地区的教育资源份额予以适当照顾，如分配专项名额等。通过社会补偿机制改善高等教育入学机会差异化分布的现状，让每个学子不因先赋因素而失去后期教育和发展的机会，能够使教育的价值得到更大体现。

第五章 谁在大城市上学？
——出生地对就学地选择的影响

第一节 研究问题与分析方法

一 研究假设

哪一个群体进入大城市就学的可能性更大，既关系到教育机会的差异，也关系到未来发展机会的差异。学校是学生接受高等教育的场所，学校的知名度和美誉度对学生影响深远。除学校之外，多元包容的城市能够给学生提供提升社会技能的平台，如社会实践、名企实习等机会。学校所处的城市是学生在学校学习专业知识之外的社会实践场，发达城市具有独特的资源优势。大城市人才众多，将带来人才的集聚和知识的溢出效应。高等教育机构在为城市的知识创新做出贡献的同时，也受惠于外部环境的提升，而这些优势，都是地处小城市的高校难以企及的。就发展机会而言，大城市社会分工细、职业机会多，高校设置的一些专业，只能在相对发达的经济体中找到对口的岗位。因此，在大城市就读的大学生更容易在就读地找到专业对口的工作，更容易留在就读地就业，也更容易获得更高的工资收入和更多的发展机会。

从文化角度来说，大城市文化更多元，更能满足学生对高等教育的价值性期待。在第三章中，学生呈现对在大城市就学的偏好，希望高校所在城市更发达、毕业后更可能定居、国际化程度更高等。坐落于大城市的高校更具有环境优势，为学生提供高等教育附加值更高，这也是同等水平的学校仅因为所处地理位置的不同，受学生欢迎的程度及录取分数线差异较大的原因之一。学生普遍向往大城市，但大城市的高校提供的教育机会有限，谁真正实现了愿望？可惜的是，学术界关于就学地的研究大多集中在"择校"的问题上，几乎没有研究关注学生对城市的选择。学生对大城市就学的偏好大多出现在新闻媒体或社交网络上，严谨、科学的研究不多。本章将就学城市层级作为因变量，尝试通过家庭背景和出生地对学生大城市就学选择的影响，解答这一问题。

本章将大城市入学机会视为与优质高等教育入学机会相似的稀缺社会资源，沿用上一章关于高等教育入学机会的相关假设，设立大城市就学机会的家庭背景优势假设和出生地优势假设，具体内容如下。

1. 家庭背景优势假设

假设 a：具有家庭背景优势的学生，在层级更高的城市上大学的可能性更大。

假设 a1 经济资本假设：家庭人均年收入越高的学生，在层级更高的城市上大学的可能性更大；

假设 a2 职业阶层假设：父亲职业阶层越高的学生，在层级更高的城市上大学的可能性更大；

假设 a3 文化资本假设：父亲受教育程度越高的学生，在层级更高的城市上大学的可能性更大；

2. 出生地优势假设

假设 b：具有出生地层级优势的学生，在层级更高的城市上大学的可能性更大。

二　分析方法

由于因变量为高校所在城市层级这一定序变量，本部分使用 ologit 多元有序模型，即 ologit（ordered logit regression）模型。需要说明的是，在本部分的研究中，代表定序变量的取值没有实质数值含义，更大的取值代表程度上的"更加"（Hamilton，2017）。

第二节　变量描述与初步分析

本部分的因变量为高校所在城市的层级，是定序变量。对城市层级的划分，参照出生地层级的操作方法。首先，确定高校所在城市，对硕士生来说，就学城市指其本科高校所在城市；其次，对高校所在城市的竞争力指数进行赋值；最后，根据城市经济竞争力分数线，对城市层级进行赋值。研究发现绝大多数高校地处四线及以上城市，其中只有 7 位被调查的硕士生的本科院校在五线及以下城市，为避免给后续分析带来不便，此处将五线及以下城市（镇）与四线城市合并统称为四线城市，得到四分类因变量，具体分布见表 5-1。

表 5-1　高校所在城市层级变量描述

单位：%

因变量	值	值标签	有效样本量	有效百分比
高校所在城市层级	1	一线城市	445	13.8

续表

因变量	值	值标签	有效样本量	有效百分比
高校所在城市层级	2	二线城市	1793	55.6
	3	三线城市	702	21.8
	4	四线城市	286	8.9

样本中，在二线城市就读的学生数量最多，超过学生总数的一半；其次是三线城市，占学生总数的21.8%；在四线城市就读的学生数量最少，仅占学生总数的8.9%。这与中国高等教育机构的分布状况相关，因为多数大学尤其是重点大学是分布在大城市的。

本章的控制变量除社会人口学信息、高中相关变量外，还增加了本科是否是重点大学就读这一变量，这是因为中国重点大学大多数分布在一、二线城市。在本次调查中，在重点大学就读的学生占1/3，有必要将这一变量纳入研究。

自变量为家庭背景和出生地，变量描述在第四章已进行相关介绍，此处不再赘述。

第三节 家庭背景、出生地与大城市就学机会

本节将关键自变量与因变量作交叉表处理，分析不同家庭背景和出生地的学生在不同层级城市就读的分布状况，初步验证家庭背景和出生地对学生大城市就学机会的影响。

对就学城市层级与家庭人均年收入做方差分析，以初步验证学生就学地层级与其家庭经济资本是否相关，结果见表5-2。

表 5-2 家庭人均年收入及其对数变量描述

单位：元

家庭人均年收入				
高校城市层级	均值	标准差	F值	Prob > F
一线城市	42222.5	60220.6	34.8	0.000
二线城市	27197.8	43875.4		
三线城市	30415.1	50305.2		
四线城市	19884.8	24166.4		
家庭人均年收入的对数				
高校城市层级	均值	标准差	F值	Prob > F
一线城市	10.1	1.0	16.1	0.000
二线城市	9.7	1.0		
三线城市	9.8	1.0		
四线城市	9.4	0.9		

方差分析结果显示，在一线城市上学的学生，家庭人均年收入为42222.5元，远高于其他三组，是在四线城市上学的学生家庭人均年收入的两倍多。这一结果较为明显地显示出家庭经济条件与高等教育就学城市之间的相关性。除去在二线城市就读的学生，呈现出家庭人均年收入越低，越有可能去越不发达城市上学的趋势。在0.001的水平上，各组差异显著。方差分析对家庭人均年收入对数的检验，初步说明经济资本与大城市就学机会之间的相关性。

对父亲受教育程度、父亲职业阶层与就学城市层级分别做交叉表分析和卡方检验，以初步验证家庭文化资本和职业阶层与大城市就学机会之间的关系。

如表5-3显示，父亲受教育程度越高，其子女在一线城市就学的比例越高；随着父亲受教育程度的下降，其子女在三线城市和四线城市就学的比例有所升高。总体来看，父亲受教育程度与其子女的就学城市呈现较为明显的级序相关性。

表 5-3 父亲受教育程度与其子女高校所在城市层级的关系

单位：人，%

高校城市层级	父亲受教育程度			
	初中及以下	高中或中专	大专或本科	硕士及以上
一线城市	149	101	157	24
	8.9	13.2	24.5	37.5
二线城市	966	420	330	35
	58.0	54.8	51.6	54.7
三线城市	391	178	105	5
	23.5	23.2	16.4	7.8
四线城市	160	68	48	0
	9.6	8.9	7.5	0.0
总计	1666	767	640	64
	100	100	100	100

Pearson chi^2 = 137.5546，Pr = 0.000

如表 5-4 所示，父亲的职业阶层与其子女就学城市的层级同样具有相关性。在一线城市就读的学生中，父亲是公务人员的比例最高；在四线城市就读的学生中，父亲是农业体力工人的比例最高。公务人员和非体力办事人员的子女在一、二线城市就读的比例为 75.0% 左右，其他层级的子女在一、二线城市就读的比例均在 70% 以下。

表 5-4　父亲职业阶层与其子女高校所在城市层级的关系

单位：人，%

高校城市层级	父亲职业阶层					
	公务人员	非体力办事人员	中小企业经营者	技术工人	非技术工人	农业体力工人
一线城市	156	92	41	62	47	19
	23.2	20.4	11.9	10.9	9.1	5.5
二线城市	347	246	198	326	303	205
	51.7	54.4	57.6	57.2	58.8	59.1
三线城市	124	79	81	139	116	74
	18.5	17.5	23.5	24.4	22.5	21.3
四线城市	44	35	24	43	49	49
	6.6	7.7	7.0	7.5	9.5	14.1
总计	671	452	344	570	515	347
	100	100	100	100	100	100

Pearson chi^2 = 115.1264，Pr = 0.000

表 5-5 显示，出生地为一线城市的学生，在一线城市上大学的比例最高，占 66.3%。随着出生地层级的下降，在一线城市就读学生的比例逐渐下降，出生地为农村地区的学生的这一比例降至 10% 以下。随着学生出生地层级的下降，其在一线城市就读的比例呈下降趋势，而其在二、三、四线城市就读的比例总体呈上升趋势。

表 5-5　出生地层级与高校所在城市层级的关系

单位：人，%

高校城市层级	出生地层级					
	一线城市	二线城市	三线城市	四线城市	五线及以下城市（镇）	农村地区
一线城市	59	57	62	43	60	146
	66.3	24.4	17.2	16.5	12.1	8.5

续表

高校城市层级	出生地层级					
	一线城市	二线城市	三线城市	四线城市	五线及以下城市（镇）	农村地区
二线城市	14	133	192	151	298	976
	15.7	56.8	53.2	57.9	60.1	56.6
三线城市	15	36	88	25	89	440
	16.9	15.4	24.4	9.6	17.9	25.5
四线城市	1	8	19	42	49	161
	1.1	3.4	5.3	16.1	9.9	9.3
总计	89	234	361	261	496	1723
	100.0	100.0	100.0	100.0	100.0	100.0

Pearson chi^2 = 344.9215，Pr = 0.000

第四节 就学地层级的 ologit 模型

本节以高校所在城市层级为因变量。城市层级越高（城市层级变量取值越低，1 代表"一线城市"），其社会经济越发达，越能体现大学生的就学优势，此处称为大城市就学机会优势。模型拟合结果见表 5-6。

基础模型（1）包括性别、是否为独生子女等控制变量，如果系数为正，说明该类别相较参照组到级别更低的城市就学的可能性越大；如果系数为负，那么说明该类别相较参照组在大城市就学机会方面更具优势。性别和独生子女两个变量在模型中的作用不显著。

模型（1）的数据显示，高中就读于重点学校、高中成绩排名前 5% 的学生，去大城市就学的可能性更大；重点大学学生去更高层级城市就学的发生比是非重点大学学生的 3.67 倍。可以看出,学生在学业和个人能力上越有优势,在就学城市的选择上也越有优势。

家庭背景模型(2)在控制变量的基础上,加入家庭背景变量用以验证大城市就学机会的家庭背景优势假设。结果显示,家庭背景各变量中,产生显著效应的变量不多。具体来看,家庭人均年收入对大城市就学机会没有显著影响,经济资本假设没有得到证明。父亲的受教育程度变量以初中及以下为参照组的结果显示,父亲的受教育程度是硕士及以上的学生比父亲的受教育程度是初中及以下的学生,去更高层级城市就学的发生比高 1.35 倍;另外两类与参照组相比没有显著优势。文化资本假设仅得到部分证明。

表 5-6 就学地层级的 ologit 模型

	(1) 基础模型	(2) 家庭背景模型	(3) 出生地模型	(4) 家庭背景+ 出生地模型
男性 (女性为参照)	-0.0998 (0.070)	-0.150 + (0.081)	-0.0963 (0.071)	-0.140 + (0.082)
独生子女 (非独生子女为参照)	0.0255 (0.073)	0.101 (0.088)	0.158 * (0.078)	0.161 + (0.091)
重点高中 (非重点高中为参照)	-0.517 *** (0.076)	-0.458 *** (0.090)	-0.513 *** (0.077)	-0.490 *** (0.091)
高中班级排名前 5% (高中班级排名非 5% 为参照)	-0.580 *** (0.083)	-0.621 *** (0.095)	-0.610 *** (0.085)	-0.639 *** (0.097)
重点大学 (非重点大学为参照)	-1.302 *** (0.084)	-1.193 *** (0.097)	-1.207 *** (0.087)	-1.146 *** (0.099)
家庭人均年收入(对数)		-0.0384 (0.047)		0.0352 (0.048)

续表

	（1）基础模型	（2）家庭背景模型	（3）出生地模型	（4）家庭背景+出生地模型
父亲受教育程度—初中及以下（参照组）		.		
高中或中专		0.0460 (0.104)		0.0592 (0.107)
大专或本科		-0.139 (0.144)		0.00876 (0.150)
硕士及以上		-0.857** (0.298)		-0.543+ (0.325)
父亲职业阶层—公务人员（参照组）		.		
非体力办事人员		-0.0419 (0.137)		-0.00495 (0.140)
中小企业经营者		0.171 (0.161)		0.120 (0.164)
技术工人		0.241+ (0.145)		0.213 (0.148)
非技术工人		0.204 (0.161)		0.154 (0.165)
农业体力工人		0.497** (0.110)		0.456* (0.114)
出生地——一线城市（参照组）		.		
二线城市			1.590*** (0.278)	1.642*** (0.318)
三线城市			2.181*** (0.267)	2.239*** (0.307)
四线城市			2.064*** (0.278)	2.186*** (0.318)

续表

	（1）基础模型	（2）家庭背景模型	（3）出生地模型	（4）家庭背景+出生地模型
五线及以下城市（镇）			2.168***	2.193***
			(0.262)	(0.302)
农村地区			2.268***	2.273***
			(0.255)	(0.300)
cut1 Constant	-3.015*** (0.097)	-3.095*** (0.494)	-0.882*** (0.262)	-0.267 (0.606)
cut2 Constant	0.000185 (0.074)	-0.115 (0.489)	2.223*** (0.263)	2.789*** (0.608)
cut3 Constant	1.614*** (0.086)	1.577** (0.493)	3.844*** (0.268)	4.485*** (0.612)

注：1. 系数为指数化的系数（exponentiated coefficients）；2. 括号内为标准误；3. $^+ p < 0.10$，$^* p < 0.05$，$^{**} p < 0.01$，$^{***} p < 0.001$。

职业阶层变量以父亲是公务人员为参照组的结果显示，相较于父亲是公务人员的学生，父亲是技术工人的学生去更高层级城市就学的机会更小（$p < 0.1$）；父亲是农业体力工人也不利于学生去更发达的城市就学（$p < 0.05$）。换算成发生比的结果是：父亲是公务人员的学生，比父亲是技术工人的学生去大城市就学的可能性高27.3%，比父亲是农业体力工人的学生的可能性高64.3%，分别由 exp（0.241）-1 和 exp（0.497）-1 计算得出结果。其他三类职业阶层与参照组相比没有显著差异，职业阶层假设仅得到部分证明。因此，家庭背景模型（2）的家庭背景优势假设得到部分证明。

模型（3）在控制变量的基础上加入出生地层级变量。结果显示，相较于出生地为其他地区的学生来说，出生地为一线城市的学生在大城市就学的机会更大。从系数来看，系数越大，说明出生地为一线城市学生的相对优势越大。与一线城市学生相比，二线城市学生的相对劣势最小，出生地为农村地区的学生相对劣势最大。三、四线城市、五线及以下城市（镇）的相对劣势略有波动，但都远低于一线城市，且差异显著。因此，在大城市就学机会方面，出生地为一线城市的学生最有优势，出生地为二线城市的学生次之，出生地为农村地区的学生优势最小，出生地优势假设得到证明。

模型（4）用家庭背景与出生地共同解释大城市就学机会，其 R^2 较模型（2）和模型（3）有所上升，这说明模型（4）的拟合度是最好的。在加入出生地变量后，家庭背景各变量的变化较大，对大城市就学机会的效应几乎消失。以家庭人均年收入作为衡量标准的经济资本在模型中不显著。在父亲职业阶层方面，相较父亲是公务人员的学生，父亲是农业体力工人的学生在大城市就学机会方面存在劣势；父亲是其他职业阶层的学生差异不显著。在父亲受教育程度方面，父亲受教育程度是硕士及以上的学生，相较父亲受教育程度是初中及以下的学生，在去更高层次城市就学上具有优势，但系数的显著性不佳，父亲受教育程度的其他类别没有呈现显著差异。可以说，父亲的受教育程度对其子女获得大城市教育机会的影响基本没有得到证明。总之，在加入出生地后，家庭背景对大城市就学机会的影响变小，家庭背景优势的相关假设基本无法得到证明。

需要注意的是，家庭背景优势假设在模型（4）中没有得到较好的证明，并不意味着家庭背景对大城市就学机会的影响不大。在大城市就学机会与家庭背景各变量的分析中，经济资本、文化资本、职业阶层的粗效应是存在的。但是在加入出生地层级变量后，家庭背景的优势就几乎消失了。这说明，出生地层级变量对家庭背景效应具有削减作用。控制变量中，能否上重点大学的影响值得关注。在解释模型结果时，需要注意其在解释"家庭背景优势与大城市就学机会的关系"中起的中间作用。虽然家庭背景优势对大城市就学机会优势的直接关系没有得到很好的证明，但是学生的家庭背景优势通过影响其上重点大学，进一步影响其获得大城市就学机会。学生的家庭背景越有优势，上重点大学的机会就越大，由于重点大学大多分布在一、二线城市，这就意味着其去大城市就学的机会越大。

在获得大城市就学机会上，出生地优势假设无论是直接效应还是间接效应都得到了证明。从直接效应上说，出生地为一线城市学生的优势不仅远远高于出生地为农村地区的学生，也远高于出生地为其他城市的学生。出生地层级越高去更发达城市就学的机会也越大，正相关性是相当确定和明显的。联系前文中已证明的出生地层级优势与优质高等教育入学机会优势之间的相关性，可以推论出生地效应通过优质高等教育入学机会发挥着间接影响。

第五节 案例分析：如何选择就学城市

一 分析说明

定量分析显示了就学城市的分布、家庭背景、出生地等因素对学生选择就学城市的影响。上一部分的分析基于客观的、整体的社会事实，呈现不同影响因素对大城市就学机会是否有影响、影响力有多大。这一部分将基于五个访谈案例，从学生的角度、从微观的层次分析大学生是如何选择就学城市的。具体来说，分析学生从出生地进入就学地的过程中，高等教育招生考试制度、出生地、家庭背景各发挥了什么作用，学生对自己的就学城市赋予怎样的意义。

关于案例的选取，既选取与定量结论一致的案例，也选取"游离"在统计规律之外的学生和家长案例。按照定量部分的假设和证明，出生地将赋予学生大城市就学优势；家庭背景通过影响优质高等教育入学机会，助推更高阶层的学生去更发达的城市上学。沿着这个思路，案例应当讲述的故事是：一、二线城市的中产阶层子女，在优越的成长环境和父母多方面的支持下，就读于发达城市的重点大学；而偏远小城镇或农村的贫困学生，因为分数或经济原因，选择去附近城市的普通大学。上述描述的案例主要用来佐证定量结论，这样的案例呈现对研究得出一致性的结论有所助益，但是如果全部呈现类似案例而忽视真实社会生活的复杂性，将削弱定性方法在研究中的独特价值。

定量研究的结论致力于发现社会生活的规律性、一致性，定性研究则从微观的角度发现差异性。通过观察相同制度环境下不同人的境遇，可以发现个人能动性与社会制约性之间的变动空间。社会规律指的是社会生活的统计规律，生活在社会中的人大部分受制于统计规律所反映的社会规则，但人并不是机械、被动的作用对象。社会生活是复杂的，总是存在着不能用数字抽象和概括的行为逻辑。就本书而言，"游离"在统计规律之外的学生，是经过高等教育进入大城市的小镇青年，是顺利迈入重点大学的寒门学子,他们是统计规律的反证,是命运的"逆袭者"。他们的人生境遇既有偶然性,也暗含定量模型不足以反映的必然性。对案例的分析内容包括:他们突破现有限制的原因是什么?为什么在相似环境下,有人能实现突破而其他人没有?个人机遇是如何嵌入社会结构中的?通过对以下案例的剖析,对减弱先赋因素对社会资源分配的影响、追求更均衡的教育机会分布是有益的。

二 不同就学选择的案例呈现

【案例1】选择更好的

S同学:女,来自广州,就读于北京某985大学。

在高考之前,S同学本打算留在广东上学。因为从小生活在广州,她对广东的学校都比较了解,在报考学校的时候甚至都不用刻意去了解。她学习成绩名列前茅,此前一直关注广东省内的某985高校。高考成绩出来之后,比她预想的要好,她觉得,"不太愿意浪费这个成绩,决定试一下更好的学校"。她在报考之前,问了父母还有父母在高校系统工作的朋友的意见。家里兄弟姐妹比较多,很多哥哥姐姐都是大学生,也询问了他们的意见。S同学需要在北京某著名985高校和原来考虑的那所高校之间选择一个。亲友给出的建议是,在学校的排名上,北京高校的排名更靠前,名气也高于她之前看中的那所省内高校。父母的意见是,希望她不要太恋家,去外面上学更好。S同学对北京也不是全不熟悉,她小时候,和家人在北京生活过,她在北京上了幼儿园和几年小学，后来搬回了广州。现在还有叔叔在北京，在北京算是有亲戚。在省内和北京的两所高校之间，S同学"当时很纠结，但是学校的牌子更重要，为了前途着想，还是去了北京"。虽然她本人当时真的很想留在广东，不想离家太远，不想出省，但考虑之后还是改变了想法。回望当时的选择，她只在离不离家、去不去北京有过动摇，没有考虑过其他城市。

【案例2】理性的退守

F父亲：来自中西部四线城市，女儿就读于家庭所在城市的一所普通大学。

> 不是我们咋选学校，是她的分刚刚跨过一本线。原来她的成绩还可以，还想着上某师范（位于东部某省会城市的211大学），但是她这回一考，少了三四十分。你没法选择了，连Z大（位于本省省会城市的211大学）都上不了了。她就高过一本线十来分，去外地你看只能选个啥？二本！虽然有很多学校可以选，但是她学文科，有些学校、专业不合适。另外，老远的、老偏的学校，（我们）只有一个女孩，也不想让她去。再看看现在这个大学，也不算是很不好的学校，我想让她当个老师什么的，稳稳当当的。她想去省外上大学，问题就是省外的好学校上不成，很偏远的地方又不想去上，她还想上个一本。我跟她说，你想去省外或者去哪，那你自己考研再努力。我倒是从来没有说排斥她到外地大城市上学。实际上，不去外地主要是因

为她的分数去外边上不了一个好学校。她那时候选择学校，一看可以选的，不管是从知名度、师资力量还是专业设置还不如现在这个高校，何必偏要出去呢？因为她分不够高，过一本线了，就想让她上个一本，所以说只有选这个。……现在，她就是经常回家，没事她就回家，她不高兴了就不回来。一个女孩这样挺放心的。

【案例3】缓慢的进阶

N同学：来自中西部农村，本科就读于四线城市K市普通大学K大学，硕士就读于北京某985工程B大学。

我老家是村里面的，小学就是在我们村读的，初中是在隔壁镇读的，高中是在市里面读的，高考后又复读了一年，本科在省内（K市）读的，然后研究生来到这里（北京）。上学能坚持到现在还是挺不容易的。

第一年考得很一般，连二本线都不到，第二年复读发挥好一点进了K大。当时我考那个分，高了一本线快20分，然后去省外读不了好的一本，就是普通的一本，省内的话，211上不了，退而求其次只能来这了。因为当时没有更多的渠道了解太多的信息，也是比较马马虎虎地给报了。因为也没有太多人能给你意见，反正糊弄过去了。

当时考虑K市在省内消费水平稍微低一点，考虑自己的家庭条件，所以我去了。本来我是从农村出来的，农村的条件差一点，因为到K市也是一个城市，感觉各方面不错。可能很多同学都觉得K市是一个四线城市，很小的城市，他们觉得条件差，但我觉得还行。

我们老家是农村的，其实没有太多人的意见可以参考。当然可能会咨询一下亲戚的意见，亲戚的意见可以考虑，自己亲戚家谁在哪个方面有关系，你学一个相关的专业，到毕业的时候好找工作，亲戚们可能给这样的意见。当时我也没有考虑那么多，自己也不懂，随便一选就这样了。

我报专业的时候，会挑那种学费稍微便宜一点的，这样的话相对来说减轻一点家庭的负担。别的，父母知道的也不是很多，也不会管太多，自己做好决定就行。上学这件事情他们是挺支持我的，他们跟我说："什么事都不用管，你就好好学习就行了，说没钱给你打钱，有什么需要给家里打电话。"中国的父母我感觉都是这样的，只要孩子在外面有什么需要，都会想办法解决。当时想过学日语，其实我对日本这个国家感兴趣，我想学日语。但是家里不支持，因为日语感觉不好，老一辈称日本为小日本，因为抗日战争打过仗，对他们印象不好。日语可能在我们农村那边觉得是不太好的专业，所以没有读。……本科学行政管理，一直将错就错，但是也无所谓，都行。确实有点随意，现在都有点后悔。

我是保送上的 B 大研究生。因为我之前在 K 市小城市，也想到大城市看看，就选择了这里。没有试别的学校，因为复试的话还要买车票，到那还得吃住，都是一笔花销，所以我也得考虑自己的经济条件。来这试一次，成了，那么就是这了，别的地方也懒得去了。另外，现在的专业读两年，也可以早一年毕业，早点挣钱。其实我对这个专业的兴趣也不大，我主要是想自己拿一个好一点的文凭。第一因为 B 大是 985，第二是自己也能得个研究生的学历，能够接触更多的资源，以后找一个好一点的工作。

以后具体的计划是没有的，但是我知道，来到这边肯定对我的影响是一辈子的。自己的眼界高了，想法跟之前不一样了，看问题的角度也不一样了，可能对自己找工作，对自己以后要走的路都会有影响的。

以后想找一个体制内的工作或者是相对来讲稳定一点的工作。我都是随遇而安，走一步看一步，走到哪是哪。可能还会考虑消费水平，毕竟我要考虑自己的家庭条件、自己的实际情况，也不能说自己由着性子来。买房子的话就算在三线城市买，一套房子也得三四十万，假如说我毕业起薪 4000 元一个月，一年不吃不喝挣 5 万，第二年挣 6 万，第三年还挣 6 万，第四年还是 6 万，这样算一年能挣这么多，当然这个肯定赚不到。我假设这样说，四年挣 23 万，能支付一个首付，要还房贷，还没有买车。四年之后我都 30 岁了，好难啊。

【案例 4】 安逸的挽留

E 父亲：来自中西部县城镇，女儿就读于省内四线城市的一所普通大学。

当时我给她的意见稍微有点多。她那时候刚高中毕业，也没有进入社会，就知道学习。我比较保守，感觉小女孩离家近点儿好。考虑现在这个大学离家近，就选择了这个。

当时没有考虑北上广，那边说实话压力很大，去那个地方，以后工作方面还不如咱本地的三、四线城市好。我觉得现在这个城市可以，三、四线城市，城市不大，压力也不大。北上广、省会城市压力比较大。至于说什么是好学校，你要说北大、清华、复旦当然是好大学；也有可能有些学校理科比较偏重的话，理工科比较强的大学是好大学，它能够实实在在学一些东西。公安大学是专业性比较强的学校，也算好学校，出来好就业。……女孩就是图个安定吧，我对她没有过多的要求，我就想她平平安安地找一个平稳的工作，我也不想她找什么办法赚很多很多钱。我感觉小女孩平平安安一生就可以了。

【案例5】父亲的助推

D父亲：来自中西部四线城市，女儿就读于上海市市属某普通大学。

当时这个学校选的好，我们是最后一名，压线走的，一分不高也不低。现在想想都后怕啊！我帮她选的，她不懂什么。她喜欢大城市，就看了几个大城市。当时广州也有很多二本学校，太远了，不想叫她去。所以就看北京、上海。北京的学校，我害怕她的分不够，有点怯气，上海还好点。这一看，上海二本学校就是这几个学校还好点，她是一本的分，二本的学校。

报名之前我叫朋友去看了，到那个学校去考察了。当时我还相中了这个地理位置，这个区是上海最好的、经济最发达的。她这个学校是在上海市最繁华的地方,现在把学校往外迁了。她这个校园值钱,上海市投钱了,太有钱了!录取以前我还带她去看过这个学校,红砖绿瓦的,拍电影都上这个学校去拍,还有海边的风景区。上海市有雾霾,她那里就没有雾霾,吹不到那里。这是个老学校,跟上海好几个好大学都挨着呢,看着可好了!那就是学习的地儿。……专业不是选的,是调剂的。要是分高了,我挑专业,分不够你挑什么?调到哪就是哪!她学文科,文科的专业本来就少。当时你就只管先报上,就是先弄个学校进去。在上海上学肯定不一样,那待人接物、消费观念、视野都会不一样。你看她去当了志愿者,上海新开的迪士尼,她是志愿者;她还去上海站搞售票,都是志愿者;还有电视台的节目,他们活动不断。至于以后,现在还没有个具体的规划。看她以后吧,管不了了,但还是希望她在那儿留下。

第六节 制度因素的制约

本章聚焦的问题是大城市就学机会,也就是"谁在大城市上学"。在访谈的时候,除了问"填报志愿时有哪些考虑",还从反向提问,问在小城市就学的同学"当时为什么没有考虑去更大一点的城市上学",问在大城市就学的同学"当时有没有考虑过别的城市"。无论是学生还是家长,在回答"如何选择就学地"这个问题时,首先提到的就是高考分数。按照现实的情况，一个学生的高考分数越高，选择的空间就越大，但在学生和家长的逻辑中实际情况并非如此。每一个分数不论高低，都对应着一个有限的选择范围。他们在激烈竞争环境和有限信息限制下能做出的最好的决策，就是使最后的结果"不吃亏"。

对学生而言，"多考一分，干掉千人"，在激烈宣言激励下争取来的分数，是凝聚着学生付出时间和精力的价值物，自然要尽最大努力保证其价值的实现。而实现其价值的方式，就是通过填报一个好志愿，进入一个"不吃亏"的大学。凭借高考分数报考志愿的过程，就像市场中的一次交易，保证其等价交换，就是家长和学生在填报志愿、选择就学地时的行为逻辑。正如案例5中D父亲所表达的"压线走"，无疑是他帮女儿达到"高考市场"决策的最优解。

想要让分数"不吃亏"地实现其价值，选择范围自然就缩小到有限的几所高校。再加上学生可能对某些学科存在兴趣偏好，选择的空间就更加有限了。这时候，宏观制度因素开始发挥影响力。由于普遍存在的属地招生优惠，本地高校在吸引本地学生上具有充分的优势，使不少学生留在本地上学。对大城市的学生而言，这是天然优势；对小城市的学生而言，虽然提供了就学机会，但阻碍了他们走向省外，去更大的城市。比如案例3中的N同学和案例2中的F父亲，在理性的衡量下选择了本地高校。即使外面的环境可能带来更好的锻炼机会，但受限于高考分数且可供选择的专业有限，最终还是选择"退守"本地小城市。

在真实的社会生活中，"去哪个城市上大学"并不是一个单独成立的问题。对许多学生而言，它的回答更多依附在择校和选择专业上。学生填报志愿和最终被录取的就学地是集合了高考成绩、个人兴趣、家长期望、招生分数线、专业设置、省内外教育资源等综合因素的结果。考虑本省的高校在面向本省生源时会给出较多招录名额，留在本地上学对学生和家长来说是更优选择。另外，学科专业也是学生和家长做选择时会重点考虑的方面。对学科专业的选择受限于高中时期所学的科目，也受到未来就业市场上可能面对的职业性别分工的影响。分数、性别、兴趣偏好这类个体性的微观因素与就学资源、学科设置这类制度因素交织，共同决定了高等教育就学地的选择。

第七节 家庭因素的影响

虽说社会上有"高考考孩子，志愿考父母"的说法，但并不是每一个家庭的父母都能在高等教育上给孩子提供建议。对出生于20世纪六七十年代的父母来说，上大学的机会十分稀缺，他们对高等教育机构和相关专业的了解并不多。有社会资本优势的家庭可以求助于社会网络，但是对于案例3的N同学来说，父母、亲戚当中根本没有能够为他提供信息的人，加之来自农村，更缺乏了解信息的渠道，他就基于自己有限的了解为未来做出比较仓促的决定。"糊弄过去了"，选了离家比较近的四线城市的一所大学。他提到，选择小城市的另一个重要原因是家庭经济条件。虽然父母尽己所能为孩子创造良好的条件，但是该同学还是"懂事"地选择了花费更少的地方。有研究分析了农家子弟的"懂事"，指出这是他们在弱势地位上的自然应对（程猛、康永久，2018）。

案例5中的D同学，与N同学考取了相似的分数，都在一本线上下，甚至N同学的分数超出当年一本线20多分。但是，与N同学缺少信息来源且经济条件受限的状态相反，D同学在父亲的积极参与下，报考了一个与分数匹配的理想大学，去了上海。这样的选择，不仅着眼于眼前的教育，还考虑了学习结束后的职业发展方向。可以说，有了父亲的助推，D同学在高等教育尚未开始时，对未来的谋划已经比N同学更明晰了。除了案例3中的N同学，其他案例中父母都参与了孩子的高等教育选择，而且大部分主导了孩子的选择，也都对自己的选择做出了合理的解释。以父母经济资本、社会资本为表现的家庭因素，是学生决定去哪个城市上大学的重要影响因素。D同学的案例，其实更多体现了家庭背景的影响。D同学来自中西部四线小城市，在出生地上并无多少优势可言，但父亲的参与助力她顺利进入一线城市。在出生地层级不高的条件下，父母的社会经济地位和社会网络可以弥补不足，同样能达到进入大城市就学的目标。

在大城市就学机会上，出生地优势和家庭背景优势都会产生影响。出生地优势效应在上文的定量模型中已有充分证明，案例1中S同学的经历也能为出生地优势提供注脚。父母在大学生选择就学城市过程中的角色，可以总结为：当出生地层级处于弱势地位时，家庭背景优势即父母的社会经济地位、社会关系网络、受教育程度、眼界等，可以弥补出生地方面的弱势。大学生的出生地效应对其就学城市层级的影响并不是决定性的。当然，如果一个学生同时在出生地和家庭背景方面都不具备有利条件，那么其进入大城市上学要面对的挑战更大,比如,需要更努力考取高分、需要承担大城市生活成本和由之而来的心理压力等。双重弱势可能导致他们形成特有的"懂事"逻辑,从而在主观选择上就"主动地"退守在小城市。

第八节 文化角度的考量

从父母的立场上看,他们在帮助子女选择就学地的时候,不管侧重从哪个角度考虑——分数、专业、城市,归根到底都希望子女在高等教育中得到更好的资源,未来能够生活幸福。不同的父母对更好的生活的定义是不同的,不仅受到自身阶层的影响,也受到生活环境的影响。对其子女来说,就是受到出生地的影响。就像各个阶层有其特有的文化一样,出生地也在其身上留下特有的文化烙印。

在案例 2 和案例 4 中,两位父亲都提到对女儿未来的期待,表示女孩子只要平平安安的就好,并不期望女儿在未来取得多大的成绩,也没有鼓励她们以"挑战"的姿态面对生活。可以看出,这是他们对女性社会角色的期望,帮助女儿达到社会对女性所规定的"安稳生活"状态,就是他们对女儿未来的期盼。同样是女儿,出生地为一线城市的 S 本想在本地上学,亲人的鼓励却让她放弃了安稳熟悉的环境,为了更好的前途去更大的城市,选择更高的平台。比较之下,一线城市的父母比四线城市的父母,对女儿发展有更高的期待。性别包容的文化是促进人类可持续发展的重要因素(马万华,2005)。女性社会地位的高低,是经济社会发达程度的一个指标。一个社会现代化程度越高,传统的性别分工和差异化期待也就越没有市场。另外,案例3的N同学提到在报考专业的时候,放弃了原本喜欢的日语专业,就是因为老家的村民会联想到"日本鬼子"。闭塞的农村地区对日本的刻板印象是根深蒂固的,个人不太可能在这样的文化环境下,为自己出格的选择提供正当性。性别期待和刻板印象只是一个例子,这里要说明的是一个地区的发达程度对应着不同的文化和思想观念,这在学生的高等教育选择上起着潜移默化的作用。

对习惯在小城市生活的人而言,大城市虽然有更多的发展机会,但也伴随着快速的生活节奏和巨大的生活压力。就生活的舒适度而言,案例4的父亲认为大城市不如小城市。在他们的逻辑中,虽然地域有层级,但是生活方式没有高低,是个人的选择,那么对城市的选择就不是层级化的、可比较的,而是变成了不同的类别。他们对地域层级的评价标准不同,不是哪里更发达、有更多的发展机会,而是哪里生活得更舒适。小城市的安逸是大城市欠缺的,对当下安逸生活的满足,是他们不鼓励孩子去大城市的原因,不同地域的生活方式影响了学生和家长的就学选择和对未来的期待。

第九节 个人期盼的差异

本书着眼的群体是大学生,他们较为突出的特点是对未知的世界有探索精神,希望积累更多的人生经验。离开父母和家庭、离开熟悉的生活环境,与来自不同地方的同学相处,是高等教育的应有之意,也是青年人较为认同的大学生活。高等教育带来了人口流动，这种流动性在青年人中具有文化意义上的正当性，高等教育所带来的流动的正当性在西方国家中同样存在。有英国学者从学生的个体经验着手对就学流动进行了定性分析，指出在现代性和新自由主义视角下，青年人的空间流动被赋予积极意义。在广为接受的观念中，离开家上大学是学生向成年人过渡的必要阶段，对青年人发展的独立性、自主性具有积极意义（Holdsworth，2009；Patiniotis and Holdsworth，2005）。

如果选择流动，学生很自然的想法是去更繁华的地方"见世面"。"人往高处走"从地域流动的角度来说，就是去更发达的城市上学，在城市层级的阶梯上向上流动。对农村地区的学生来说，不管在哪个城市上大学，都是从农村进入城市，都是向上流动，只不过是跨越层级多少的问题。较低层级的出生地，让 N 同学认为只要去城市上大学，就是提升了原来的生活环境。看起来是农村地区的学生最弱势，但是从流动的角度来说，他们只要能够进入大学，就意味着地域层级的上升。这对应了学者在研究中提出的，学生的生源地级别越低，流动到更高层级城市的比例和机会越大，高等教育对促进地区代际流动具有正向显著影响（马莉萍、刘彦林，2018）。在 N 同学看来，即使是轻率地选择去小城市上大学，现在回想起来略有后悔，但对就学城市还是表现出满意的态度，这与其他同学对小城市的不满截然不同。从向上流动来说，农村学生的顾虑不多。但是对出生地域较高的同学，比如案例 1 中的 S，她着眼的地方就相对有限了。出生于一线城市，意味着她从起点开始就位于最高层级，除了其他一线城市，别的城市从一开始就不在她的选项中。对出生于较为发达城市的学生来说，在国内实现地域层级向上流动的空间不大，他们会选择走另一条路——出国，去更发达的国家接受教育。学生普遍有通过高等教育实现地域层级向上流动的期望，但能否实现愿望受个人和家庭条件的影响。

第十节 本章小结

本章通过定量模型和访谈资料证明，在获得大城市就学机会方面，学生的出生地层级产生显著影响，证实了大城市就学机会方面的出生地效应。

本章基于中国的发展现实和学生的普遍期待，将在大城市上大学视为社会稀缺资源，分析大城市入学机会在学生中差异化分布的原因。基于对以往研究的回顾，设立家庭背景优势假设和出生地优势假设。以大学所在城市的层级为因变量，加入本科是否上重点大学为新的控制变量，其他自变量不变，建立ologit多元有序模型，得到以下结论。①控制模型中其他效应不变，仅加入家庭背景变量，家庭背景优势假设仅得到部分证明。②仅加入出生地层级变量，出生地为一线城市的学生比其他地区的学生，更有可能去层级更高的城市上大学；与出生地为一线城市的学生相比，出生地为二线城市学生的劣势最小，出生地为农村地区的学生劣势最大，出生地优势假设得到证明。③在加入家庭背景变量和出生地变量后，家庭背景各变量中仅有职业阶层假设得到部分证实，家庭经济资本、文化资本假设均未得到证明；出生地效应变量的影响力仍然显著，模型总体拟合度有所提升。

基于访谈资料，本章从微观角度剖析了学生进入某个层级城市就学的过程。从高等教育招考制度环境、出生地影响、家庭因素影响、学生对高等教育赋予的向上流动意义这四个方面，分析了大学生进入不同城市就学的选择过程。

本章的主要贡献有以下几个方面。一是将大城市就学机会视为高等教育起点差异的一个方面，证明家庭背景和出生地对大城市就学机会的影响，丰富了高等教育机会方面的研究。二是发现在大城市就学机会方面，家庭背景和出生地效应的不同作用机制，即相较家庭背景，出生地更能解释大城市就学机会的差异；家庭背景主要通过间接途径产生影响，即通过上重点大学进入大城市；在出生地不占优势的情况下，家庭背景优势可以弥补其不足，通过父母的支持助力学生进入大城市就学。总之，在地域层级分化的格局下，就学城市关系大学生的学习机会和发展机会；具有出生地优势的学生，在就学阶段仍然具有更大的机会保有这种优势，并通过高等教育实现优势的传递；出生地和就学地不仅关系大学生横向的地理流动，也关系其纵向的地位流动，是高等教育研究值得关注的方面之一。

第六章 谁（想）去大城市就业？
——出生地对就业地选择的影响

第一节 研究问题与分析方法

一 研究假设

本章关注大学生的就业地选择，试图探索学生的出生地对其就业城市选择的影响。以往研究指出，不同生源地学生的就业地偏好不同，来自大城市的学生对在大城市就业更具偏好（周骏宇、李元平，2010）。有研究针对大学生偏向在大中城市就业的原因做出解释，认为家庭位于城市、父母受教育程度高和父亲是管理人员的学生，更有可能到更高行政层级的城市就业（岳昌君、黄思颖、万文慧，2016）。有研究从生源地、就学地、就业地的城市行政层级的角度，指出大学生基本都去不低于自己生源地层级的城市就学和就业；生源地层级越高，就业地层级就越高；学生能力越强，就越有可能流动到更高层级的地区。城镇户口的学生在京津沪地区、省会及以上层级城市就业的比例更大，就业状况的城乡差异与入学机会的城乡差异相关，农村户口的学生在求职中处于不利地位（岳昌君，2018）。

现有研究分析了大学生就业地选择的大城市偏好，指出受地区、家庭、个人等多方面因素的影响，其中不乏从教育结果的角度进行的分析，但对就业这一教育结果的分析多关注就业部门、就业区域，较少关注就业城市层级；对就业机会差异影响因素的分析大多集中于家庭的社会经济条件，较少关注学生出生地的影响，只有少部分研究关注了出生地对院校地、就业地的影响。除家庭背景和出生地外，一些研究提到学生倾向于留在院校地就业，从就业来看，院校所在地是学生正式进入社会的起点。本章重点关注出生地和院校地对学生就业地偏好的影响。结合现有理论和实证研究，本章提出家庭背景优势假设、出生地优势假设和院校地优势假设，具体内容如下。

1. 家庭背景优势假设

假设 a：具有家庭背景优势的学生，更倾向到更高层级的城市就业。

假设 a1 经济资本假设：家庭人均年收入越高的学生，更倾向到更高层级的城市就业；

假设 a2 职业阶层假设：父亲职业阶层越高的学生，更倾向到更高层级的城市就业；

假设 a3 文化资本假设：父亲受教育程度越高的学生，更倾向到更高层级的城市就业。

2. 出生地优势假设

假设 b：具有出生地优势的学生，更倾向到更高层级的城市就业。

3. 院校地优势假设

假设 c：院校所在地层级越高的学生，更倾向到更高层级的城市就业。

二 分析方法

本章研究的因变量为意向就业城市的层级,为四分类定序变量,采用 ologit 多元有序模型进行分析。

第二节 变量描述与初步分析

问卷调查对象全部是在校生,有关就业的问题均为就业意向,即"未来打算去哪里工作"。因此,本章的因变量为大学生的就业地意向。调查对象中,一些学生对未来就业地的选择不清晰,所以调查中缺失关键变量的样本较多。剔除调查中回答打算在国外就业和可能在国外就业的学生(约占3.4%)、对未来就业地尚无打算的学生等,明确回答就业地意向,并能够编码为就业地层级的样本,共有1446个。下面对进入模型的各变量作统计描述和初步解释。

因变量为意向就业地的层级。考虑到大学生就业地意向的实际分布,本部分分析将出生地六个层级的后三项合并为一项,分别是一、二、三线城市,四线城市及以下,取值为1~4。

有效样本中,绝大部分学生表示想在一线城市和二线城市就业,总比例接近90%。想在三线城市就业的学生的比例仅为7.5%,想在四线城市及以下层级地区就业的学生比例最低(见表6-1)。需要说明的是,调查样本设计和因变量具有以下特点。一是样本以本科生为主,排除了大专生,且在本科生中重点大学学生的比例偏高,总体上样本学生的整体人力资本是偏高的。根据已有研究,人力资本对学生在大城市就业具有正向效应,样本数据显示,想在大城市就业的学生更多。二是关于就业意向的回答使样本有较大缺失,可能造成误差。一般来说,如果学生想在大城市就业,可供选择的城市数量有限,那么意向是更容易明确的,而样本中的部分学生对城市的选择意向是相对模糊的。

表6-1 大学生就业地意向情况

单位:%

因变量	值	值标签	有效样本量	有效百分比
意向就业地层级	1	一线城市	489	33.8
	2	二线城市	798	55.2
	3	三线城市	109	7.5
	4	四线城市及以下	50	3.5

本部分的控制变量与上一章相同,自变量包括家庭背景变量、出生地层级变量、院校地层级变量。相关变量描述见表6-2至表6-6。

表6-2 意向就业地层级的ologit模型控制变量描述

单位:%

控制变量	值	值标签	有效样本量	有效百分比
性别	0	女	810	56.0
	1	男	636	44.0
独生子女	0	非独生子女	904	62.5
	1	独生子女	542	37.5
是否重点高中	0	非重点高中	437	30.2
	1	重点高中	1009	69.8
高中学业	0	高中班级排名非前5%	1033	71.5
	1	高中班级排名前5%	412	28.5

续表

控制变量	值	值标签	有效样本量	有效百分比
是否重点大学	0	重点大学	598	41.4
	1	非重点大学	848	58.6

表6-3 家庭人均年收入及对数变量描述

单位：元

变量	平均值	标准差	最小值	最大值
家庭人均年收入	29302.89	43634.13	3334.98	666666.7
家庭人均年收入的对数	9.76	0.99	8.11	13.41005

表6-4 家庭背景各变量描述

单位：%

变量	值	值标签	有效样本量	有效百分比
父亲受教育程度	1	初中及以下	743	52.4
	2	高中或中专	340	24.0
	3	大专或本科	309	21.8
	4	硕士及以上	27	1.9
父亲职业阶层	1	公务人员	307	23.0
	2	非体力办事人员	213	16.0
	3	中小企业经营者	154	11.6
	4	技术工人	261	19.6
	5	非技术工人	227	17.0
	6	农业体力工人	170	12.8

出生地层级变量描述显示，来自农村和城市的学生约各占一半。在城市学生中，五线及以下城市（镇）的学生最多，占总体学生数量的16.5%，占城市学生数量的35.3%。

表6-5 出生地层级变量描述

单位：%

变量	值	值标签	有效样本量	所有学生有效百分比	城市学生有效百分比
出生地层级	1	一线城市	39	2.7	5.9
	2	二线城市	104	7.3	15.6
	3	三线城市	154	10.8	23.1
	4	四线城市	134	9.4	20.1
	5	五线及以下城市（镇）	235	16.5	35.3
	6	农村地区	760	53.3	—

高校所在城市层级是第五章分析的因变量，在本章中为新加入的自变量，用以验证院校地与意向就业地之间的关系。与全部样本的分布相比，有效样本中院校地在一、二线城市的占比有所提高，这从侧面反映出在三、四线城市就学的学生对就业地的选择有更大的不确定性。

表6-6 高校所在城市层级变量描述

单位：%

变量	值	值标签	有效样本量	有效百分比
高校所在城市层级	1	一线城市	290	20.1
	2	二线城市	886	61.3
	3	三线城市	187	12.9
	4	四线城市	83	5.7

第三节 家庭背景、出生地、院校地与大城市就业意向的关系

本节将关键自变量与因变量做交叉表，分析不同家庭背景、

出生地及院校地的学生在就业城市偏好上的分布，初步分析三类自变量对学生大城市就业意向的影响。

在家庭背景变量上，先对意向就业城市层级与家庭人均年收入做方差分析，初步分析二者具有相关性。结果显示，想在一线城市就业学生的家庭人均年收入最高；想在二、三线城市就业学生的家庭人均年收入次之；想在四线城市及以下就业学生的家庭人均年收入最低。方差分析的结果显示组间差异显著，初步证明了家庭经济条件对大城市就业意向的影响（见表6-7）。

表6-7 家庭人均年收入及其对数与大学生意向就业城市的关系

单位：元

意向就业地	家庭人均年收入			
	均值	标准差	F 值	Prob > F
一线城市	36030.04	51689.47	7.37	0.0001
二线城市	26385.82	37271.18		
三线城市	28043.24	52113.07		
四线城市及以下	13140.65	11425.54		
意向就业地	家庭人均年收入的对数			
	均值	标准差	F 值	Prob > F
一线城市	9.95	1.01	14.43	0.000
二线城市	9.69	0.96		
三线城市	9.69	0.95		
四线城市及以下	9.15	0.86		

父亲受教育程度对其子女的就业城市意愿同样具有影响，如表6-8所示，随着父亲受教育程度的升高，其子女想在一线城市就业的比例也越高，想在更低层级城市就业的比例越

低。卡方检验结果显示,不同组间差异显著,初步证明了家庭文化资本对学生就业城市意向的影响。

表6-8 父亲受教育程度与其子女意向就业城市的关系

单位:人,%

意向就业地	父亲受教育程度			
	初中及以下	高中或中专	大专或本科	硕士及以上
一线城市	207	117	141	14
	27.9	34.4	45.6	51.9
二线城市	438	190	143	12
	59.0	55.9	46.3	44.4
三线城市	62	26	19	1
	8.3	7.6	6.1	3.7
四线城市及以下	36	7	6	0
	4.8	2.1	1.9	0.0
总计	743	340	309	27
	100.0	100.0	100.0	100.0

Pearson chi^2 = 41.11640, Pr = 0.000

父亲职业层级对其子女就业城市意向的影响与父亲受教育程度的影响相似(见表6-9)。随着父亲职业阶层的降低,其子女想在一线城市就业的比例也随之降低。相较父亲是其他职业阶层的学生,父亲是非技术工人和农业体力工人的学生想在四线城市及以下就业的比例更高。卡方检验结果显示,不同组间差异显著,初步证明了家庭职业阶层与就业城市意向的关系。

表6-9 父亲职业阶层与其子女意向就业城市的关系

单位：人，%

意向就业地	父亲职业阶层					
	公务人员	非体力办事人员	中小企业经营者	技术工人	非技术工人	农业体力工人
一线城市	141	78	58	79	59	41
	45.9	36.6	37.7	30.3	26.0	24.1
二线城市	145	109	86	149	138	101
	47.2	51.2	55.8	57.1	60.8	59.4
三线城市	19	16	8	27	18	14
	6.2	7.5	5.2	10.3	7.9	8.2
四线城市及以下	2	10	2	6	12	14
	0.7	4.7	1.3	2.3	5.3	8.2
总计	307	213	154	261	227	170
	100.0	100.0	100.0	100.0	100.0	100.0

Pearson chi^2 = 59.2119，Pr = 0.000

表6-10显示了出生地与意向就业城市之间的关系。数据显示，出生地为一线城市的学生，无论在哪里就学，还是有近90%的学生会回到一线城市就业；出生地为二线城市的学生，63.5%的学生会回到二线城市就业，有近30%的学生想在一线城市就业；从出生地为三线城市的学生开始，出生地层级越低，想在一线城市就业的学生比例越低，想在二线城市就业的学生比例越高。从表6-10中可以看出，学生倾向于选择比自己出生地层级更高或至少不低于自己出生地层级的城市就业，想去较小城市就业的学生比例非常少。卡方检验结果显示，出生地层级对意向就业城市层级具有显著影响。

表 6-10 出生地与意愿就业城市的关系

单位：人，%

意向就业地	出生地					
	一线城市	二线城市	三线城市	四线城市	五线及以下城市（镇）	农村地区
一线城市	35	31	68	53	78	211
	89.7	29.8	44.2	39.6	33.2	27.8
二线城市	3	66	69	70	135	449
	7.7	63.5	44.8	52.2	57.4	59.1
三线城市	1	7	16	5	15	64
	2.6	6.7	10.4	3.7	6.4	8.4
四线城市及以下	0	0	1	6	7	36
	0.0	0.0	0.6	4.5	3.0	4.7
总计	39	104	154	134	235	760
	100.0	100.0	100.0	100.0	100.0	100.0

Pearson chi^2 = 93.3667，Pr = 0.000

高校是学生进入社会的直接输出地，院校地对就业地的影响更加直接。在一线城市就学的学生，绝大部分想要继续在一线城市就业；在二线城市就学的学生，大部分想继续在二线城市就业，有 16.0% 的学生想要在一线城市就业；在三线城市就学的学生，超过 50% 的学生想继续在三线城市就业，分别有 19.8%、23.5% 的学生想在一线和二线城市就业；在四线城市就学的学生，想在一线城市就业的比例有三成。卡方结果显示差异显著，初步证明了院校所在地层级对学生意向就业地层级的影响。

第四节 意向就业地层级的 ologit 模型

本节以大学生意向就业城市层级为因变量，分别建立控制变量模型、家庭背景变量模型、出生地层级变量模型和院校地层级变量模型，讨论大学生就业城市意向的影响因素。

模型（1）中的控制变量包括性别、是否独生子女等。模型中的系数如果为正，那么说明该类别相较参照组，想去更低层级城市就业的学生更多；系数如果为负，那么说明该类别相较参照组，想去更高层级城市就业的学生更多。结果显示，相较男生，女生更想到更高层级的城市就业。独生子女变量对就业城市意向没有显著影响。就读于重点高中、高中班级排名前5%和就读于重点大学这三个表示个人能力的变量，在模型中十分显著，也就是说个人能力更强、人力资本更多的学生，更想去更高层级的城市就业。其中，重点大学学生想去更高层级城市就业的发生比是非重点大学学生的3.06倍。这一结果说明，去更高层级的城市就业是学生的更优选择，学生之中的优秀者，更愿意、更有信心在大城市发展。

模型（2）在控制变量基础上，加入家庭背景变量，用以验证家庭背景对学生就业城市意向的影响作用。结果显示，控制相关变量后，模型中家庭人均年收入和父亲受教育程度对大学生就业城市意向的直接影响并不显著，经济资本和文化资本假设没有得到证实。在父亲的职业阶层方面，相较父亲是公务人员的学生，父亲是技术工人和农业体力工人的学生更想去层级更低的城市就业；保持模型中其他效应不变，父亲是技术工人的学生去更低层级城市就业的发生比，是父亲是公务人员学生的1.43倍，由exp（0.359）计算得来；父亲是农业体力工人的学生去更低层级城市就业的发生比，是父亲是公务人员学生的1.87倍，由exp（0.627）计算得来。职业阶层假设得到部分证明。总之，模型（2）的家庭背景优势假设大部分未得到直接证明。

表6-11 意向就业地层级的 ologit 模型

	（1）基础模型	（2）家庭背景模型	（3）出生地模型	（4）家庭背景+出生地模型	（5）家庭背景+出生地+院校地模型
男性（女性为参照）	0.254* (0.106)	0.205+ (0.121)	0.249* (0.109)	0.233+ (0.124)	0.354* (0.150)
独生子女（非独生子女为参照）	0.0526 (0.111)	0.250+ (0.136)	0.215+ (0.122)	0.289* (0.141)	0.324+ (0.167)
重点高中（非重点高中为参照）	-0.485*** (0.118)	-0.368** (0.138)	-0.512*** (0.122)	-0.404** (0.142)	-0.0122 (0.165)
高中班级排名前5%（高中班级排名非前5%为参照）	-0.468*** (0.120)	-0.490*** (0.139)	-0.486*** (0.123)	-0.485*** (0.141)	0.121 (0.177)
重点大学（非重点大学为参照）	-1.117*** (0.115)	-1.036*** (0.135)	-1.023*** (0.120)	-0.969*** (0.138)	-0.458** (0.168)
家庭人均年收入（对数）		-0.0660 (0.072)		-0.0456 (0.075)	-0.0507 (0.091)
父亲受教育程度—初中及以下（参照组）		.		.	.
高中或中专		-0.134 (0.158)		-0.138 (0.162)	-0.0782 (0.195)
大专或本科		-0.332 (0.211)		-0.273 (0.223)	-0.231 (0.276)
硕士及以上		-0.505 (0.468)		-0.624 (0.507)	-0.424 (0.664)
父亲职业阶层—公务人员（参照组）		.		.	.

续表

	（1）基础模型	（2）家庭背景模型	（3）出生地模型	（4）家庭背景+出生地模型	（5）家庭背景+出生地+院校地模型
非体力办事人员		0.325 (0.206)		0.396 + (0.212)	0.456 + (0.264)
中小企业经营者		0.0619 (0.244)		0.0826 (0.251)	0.0171 (0.313)
技术工人		0.359 + (0.218)		0.423 + (0.225)	0.225 (0.274)
非技术工人		0.305 (0.243)		0.338 (0.251)	-0.0654 (0.302)
农业体力工人		0.627 * (0.167)		0.671 * (0.173)	0.360 (0.215)
出生地——一线城市（参照组）			. .	.	.
二线城市			2.996 *** (0.572)	2.703 *** (0.667)	0.347 (1.023)
三线城市			2.679 *** (0.563)	2.445 *** (0.658)	-0.487 (1.017)
四线城市			2.676 *** (0.567)	2.334 *** (0.663)	-0.419 (1.025)
五线及以下城市（镇）			2.733 *** (0.554)	2.461 *** (0.650)	-0.502 (1.009)
农村地区			2.896 *** (0.548)	2.377 *** (0.650)	-0.226 (1.008)
大学所在地——一线城市（参照组）					
二线城市					5.251 *** (0.484)

续表

	（1）基础模型	（2）家庭背景模型	（3）出生地模型	（4）家庭背景+出生地模型	（5）家庭背景+出生地+院校地模型
三线城市					7.579***
					(0.532)
四线城市					9.049***
					(0.634)
cut1 Constant	-1.536*** (0.128)	-1.815* (0.752)	1.294* (0.554)	0.826 (1.039)	3.309* (1.382)
cut2 Constant	1.468*** (0.129)	1.168 (0.752)	4.343*** (0.559)	3.838*** (1.043)	7.447*** (1.390)
cut3 Constant	2.740*** (0.173)	2.510** (0.764)	5.610*** (0.571)	5.172*** (1.052)	9.374*** (1.403)

注：1. 系数为指数化的系数（exponentiated coefficients）；2. 括号内为标准误；3. $^+ p < 0.10$, $^* p < 0.05$, $^{**} p < 0.01$, $^{***} p < 0.001$。

模型（3）在控制变量基础上，加入出生地层级变量。本模型以出生地为一线城市的学生为参照组，即以最具出生地优势的学生为参照组。结果显示，相较出生地为一线城市的学生，出生地为其他地区的学生都更想在层级更低的城市就业；保持模型中其他效应不变，相较出生地为一线城市的学生，出生地为其他地区的学生想去更低层级城市就业的发生比是出生地为一线城市学生的16~20倍。因此，出生地为一线城市的学生比出生地为其他地区的学生更倾向于去大城市就业，出生地优势假设得到证明。

模型（4）将家庭背景和出生地同时纳入该模型，用以解释学生的大城市就业意向。结果显示，在加入出生地变量后，家庭背景各变量的变化不大，家庭人均年收入、父亲受教育程度均不显著。在父亲的职业阶层方面，相较父亲是公务人员的学生，父亲是非体力办事人员和技术工人的学生去更低层级城市就业的意向更强烈，差异在0.10的水平上显著。在加入家庭背景变量后，出生地变量的效应略有下降，但效应仍然显著存在。保持模型中其他效应不变，出生地为其他地区的学生更倾向于去更低层级城市就业，发生比是出生地为一线城市学生的11~15倍。因此，出生地优势假设得到证明，家庭背景优势假设仅部分得到证明。

模型（5）在家庭背景和出生地变量基础上，加入院校地变量。模型（5）的R^2较模型（2）和模型（3）有大幅上升，这说明模型（5）的拟合度是最好的。模型中独生子女效应在0.10的水平上显著，且系数为正，这说明非独生子女更想到较高级别的城市就业。是否在重点大学就学这一变量在模型中也是显著的，系数为负。控制模型中其他效应不变，重点大学学生想到更高层级城市就业的发生比是非重点大学学生的1.6倍，由exp（0.458）计算得到。

值得思考的是，在加入院校地变量后，家庭背景优势和出生地优势对学生大城市就学意向的影响几乎消失了。单从模型（5）来看，家庭背景和出生地对学生大城市就学意向的直接影响无法被证明。但考虑到本书前文的分析，具有家庭背景优势和出生地优势的学生，更容易上重点大学、更容易在大城市就学，这可以说明家庭背景优势和出生地优势都在发挥间接作用，同时说明出生地优势具有传递性的特点，可以由就学阶段传递至就业阶段。

模型（5）对意向就业城市的解释大多集中在大学所在城市上。以大学所在城市是一线城市为参照组，在二、三、四线城市就读的学生,去更高层级城市就业的意向明显更低。高校所在城市的层级越低,其学生想去更低层级城市就业的发生比越高。总之,高校所在城市显著影响在校大学生的就业城市选择,院校地优势假设得到证明。

通过上述分析可以发现,家庭背景优势和出生地优势对学生大城市就业意向具有正向作用。但在模型(5)中,在加入院校地层级这一变量后,无论是家庭背景优势,还是出生地优势,其效应都被院校地优势掩盖了。这说明家庭背景、出生地与大学生就业城市意向虽然相关,但其作用机制不是直接的,而是通过院校地发挥间接作用。结合前文的分析可以发现,家庭背景优势和出生地优势对学生大城市就业意愿的影响是通过重点大学就学机会、大城市就学机会进行传递的,学生的家庭背景优势和出生地优势越大,上重点大学、去大城市就学和在大城市就业的优势就越大。

第五节 案例分析:家还是远方

一 分析说明

前文用定量模型分析了在校大学生的就业地意向。就业意向虽能反映大学生的就业趋势,但毕竟还是同实际的就业状况存在偏差。下文将用质性研究方法,通过展现六个不同背景的已毕业大学生的就学、就业经历,分析他们选择就业地的过程,并且着重考察出生地对就业的影响。

访谈发现,现实中大学生对工作地点的实际考虑一般有三种思路:留不留在学校所在的城市、回不回家或去家附近的城市、去不去更发达的大城市。对在本地就学的学生而言,前两个问题可以合并为一个;对在一线城市上学的学生而言,第一个问题和第三个问题可以合并成一个;对异地就学的学生而言,就业地选择围绕着回不回家,如果回家,是回到家乡所在城市还是本省的大城市。本节在梳理访谈案例的主题时是围绕着"回不回家就业"进行的;在分析不同出生地的大学生面临的制度环境时,是围绕着"家"进行的,这里的"家"既指家庭,也指家乡,即出生地。

定性资料的呈现和分析方法遵循以下四个原则。

第一,在案例的呈现上,尽量完整展示大学生从就学到就业选择的全过程。虽然本部分针对就业,但前期的就学选择、在校经历和生活经历对择业有很大影响,直接截取有关工作的访谈,可能隐藏较多有价值的背景信息。

第二,在访谈资料的梳理上,最大程度保留被访者的回答话语,根据就学、就业的时间顺序进行前后逻辑调整,使之成为一个完整的故事。访谈均为半结构式,实际访谈过程是笔者根据访谈提纲以一问一答的形式进行的,存在较多根据被访者的回答进行追问的情况,使得原有回答并不遵循事件发生的时间线。为了清晰呈现完整的故事,对被访者的回答内容进行了整理,在保留被访者原意的基础上删掉冗余表达和无关事件,也删掉了提问部分。

第三,对具有分析价值的回答,保留其前后语境。话语表达意义的重点,不仅仅在于语言,更在于语言所处的情境。直接截取部分回答可能会削弱话语的意义,甚至造成曲解。

第四,既捋清事实,也注重保留被访者对自己经历的反思、解读、感悟。定性研究的一大价值，就是能够挖掘被研究者的主体视角。就本书而言，就是了解大学生对自己就学、就业经历的思考和赋予这些经历的意义。对大学生情感、反思等主观经验的关注，既能让研究更深刻地贴近现实，也能让研究更具人文关怀。

对案例的解读将借用布迪厄的"场域"概念，围绕"家"进行分析。场域是布迪厄实践社会学理论的关键概念，指"各种位置之间存在客观关系的一个网络"（杨善华、谢立中，2006）。"场域"概念一经提出，就因其敏锐的现实穿透力成为社会科学分析的重要概念工具，在社会学、教育学、传媒学等领域的应用十分广泛。不同学科、不同研究主题的学者根据研究旨趣对场域概念进行了丰富和发展，提出权力场域、科学场域、教育场域、文化场域、生活场域等拓展概念（宫留记，2009；刘远杰，2018；张红霞，2019；陈文元，2019）。

此处的分析也将借用这一概念，将大学生的出生地、就学地和就业地看成具有三个维度的场域，分别是文化场域、经济场域和社会场域，从实践的角度分析大学生在不同人生节点上的选择和行为，进而探索出生地对就业城市选择的影响机制。文化场域在这里指该地域普遍存在的、有别于其他地域的风土民情和风俗习惯。不同地域的文化场域不同，大学生对该地域的认同和心理归属程度也不同。经济场域在这里指该地域的经济发展总体状况，是客观空间，对大学生来说就是该地域能否提供就业机会、能够提供什么机会、这种岗位在社会职业结构中处于什么位置。社会场域在这里指明确的或潜在的行事方式和思维习惯，包含普遍存在的社会规则和社会评价体系。社会场域是人们长期交往、相互影响、共同建构的空间，可视为关系空间。

之所以借用"场域"这一概念，是因为该概念包含的"位置"含义对分析尤有助益。辨识不同场域中位置的高低，可以为明确人的境遇提供独特的观察视角。对大学生而言，在家乡和异乡的文化场域中，自己所处的位置是截然不同的，前者是先天的认同和亲近，后者是后天的适应和磨合。在不同的经济场域中，身处何种位置要看这一场域本身能提供什么位置。在不同的劳动力市场，个体能够匹配的职位范围存在差异。社会场域中同样有不同位置，大学生的所思所为是否与社会期待相匹配，这将影响他们在社会场域中的位置。社会场域赋予大学生的符号将他们置于不同的位置，他们被定义为"北漂"或"沪漂"、拼搏追梦的年轻人、拥有文凭的高才生等。另外，"场域"这一概念是布迪厄社会实践理论的重要基石，而实践的视角恰恰是分析所需要的。布迪厄、华康德指出，实践是模糊的、权宜性的，不是深思熟虑的（布迪厄、华康德，1998）。访谈中不少访谈对象在反思重要节点事件时，话语中有"很随意的""很偶然的""要不是……，就可能……"等表达，这些回答充满不确定性，不符合人们社会生活的理性行动特征。实际上，这些不完全被理性思维计划出来的、受到不确定性影响的行为，才是社会生活的真实状态。吉登斯在其结构化理论中对"实践"提出了相似的解释，指出"实践意识"是不能被明确言说却又真实发挥作用的影响因素（吉登斯，1998）。

二 不同就业选择的案例呈现

【案例1】回去就输了

X同学：男，出生于中西部二线城市，父母做生意，有一个姐姐。2008年到河北省保定市上学，毕业后在北京工作，换过两个工作。

- 就学

当时有一个观念。我们的老师会传输一种思想，就是让大家都去外面见见世面，都去闯荡闯荡。当时我是复读的，老师们的期许也很高，想让我们做出更好的选择。

我觉得学校所在的城市很重要。这个城市经济要发达，至少要比我在的城市要发达一些，像北京、天津、西安我都觉得还不错。北京的学校也想去，但是肯定考不上。因为北京的学校在我们那里招生分数很高，我们班第一名才能上，就是只有一个人考上了，考的是工业大学。

我这个人本身就很独立，我从初中就开始住校，上大学以后更独立了，就形成一种思维，就是我在外面闯荡没有任何问题，这一点也直接导致我后来去了北京。我自理能力很强，觉得就是什么样的情况都能应付。有一种不服气、闯荡闯荡这意思。我家是在一个县级市，学校这边是地级市。这边相对来说还是大一些。因为保定之前是河北的省会，好几个学校都在那里，那边的城市氛围还是很好的。

我建议选择城市，最好是你将来想发展的城市。这样的话就好积累，从人脉、生活环境各方面来说，它是一个很好的积淀，毕竟有四年的时间。

- 就业

到了找工作的时候，父母希望我回去考公务员。其实后来也考过，但是可能不太在意这个东西，我当时也不是特别愿意去做这件事情。我当时找的工作全都是北京的，我就没找别的。因为北京离保定很近，大概就是一个小时的路。我就是有不服输的心态，不想一毕业就回小县城工作。退一万步讲，我还能回去，就算我在外面混得不好了，想回去还是回得去。我在外面就是觉得能见到更多的世面，成长会更快一些。人生这么长，你一定要坚持，才能觉得丰富一些，要不然你直接回到地方的话，可能再出来就很难了。

当时找工作只选了北京。2012年开始在某学院做教学秘书。经历了三年，始终看不到希望。后来又去了房地产公司，其实也干得不是很好。后来就又换了，换成现在这个工作。现在这个工作还是比较有意思的，感觉很有挑战性。找工作的时候不考虑户口、房子这些问题。不是不想，是想了也没用。因为我觉得现在我这个级别还达不到，人贵有自知之明。

- **未来**

我就是打算在北京定居。我当时选择在北京找工作的时候，也不是说一定考虑了自己有能力做好工作和负担北京的房子，所以才选的。未来都是未知的，我倒不是佛系，佛系青年适合在安逸的城市生活。我之前就觉得开心就好、努力就好、尽力就好，但是后来觉得其实人还是要有一个目标的，短期的、长期的都得有，因为你要对家人负责、对自己负责，得有奋斗目标。

【案例 2】回到家乡的体制内

J 同学：女，出生于中西部城镇，母亲是国企职工，有一个妹妹。2013 年到 H 市（相邻省份三线城市）上学，考研未果后，于 2017 年报考选调生，现为乡镇公务员。

- **就业**

　　我现在在乡政府工作。这个工作主要是离家比较近，公务员算是比较稳定的职业。当时考了个选调生，现在也就是普通的基层公务员。

　　我当时在 H 市（邻省）上学。我当时就很明确的知道，以后不会留在那个城市。H 市跟这边是差不多的水平，既不像大城市一样特别让人向往，又不像离家近的城市，没有离家近这种条件。我感觉工作离家近点好，还能多走走亲戚，多陪陪爸妈。

　　当时毕业的同学里面想留在 H 市的不多。像我同学，大部分都是本省的，他们可能去省会。另外这边离江苏比较近，可以去江苏那边比较好点的城市发展。H 城市好像没有太大的吸引力，也就是去上学了，很少有工作机会。

　　对北京、上海那些大城市，那种快节奏的生活，虽然也有向往，但是相比较之下，还是觉得离家近好一点，不想再有漂泊那种感觉了。现在只要我不加班，我都可以坐着车直接回家，可以回家过周末。有时候想人就这一辈子，虽然要奋斗，但是也不能太累。

- **生活**

　　现在觉得还可以。我感觉就是选调生公务员那一类职业基本上都得问一下家里边的亲戚，在公务员系统工作了的，问问他们前景咋样。基层工作相对来说就是更琐碎、更累一些。反正有一个好处，就是等于回家了。亲戚在市里，我在他家住，上班的时候坐大巴去乡镇，早上去晚上回，中午就一直在单位。我觉得在基层工作确实还需要有一定的奉献精神。我有时候觉得比较随性一点好，开心就好，是佛系吧。

- 未来

下一步就是找男朋友了，现在我还没有男朋友。现在还买不起房，反正现在考虑也没用，慢慢地一步一步来，以后两个人慢慢地奋斗，家里边再给点支持，生活能过得很滋润就可以了。

我家是一个大家庭，人比较多、比较热闹，可能这个大环境对我也有一定的影响。跟我年龄差距不大的那些兄弟姐妹大部分还是在家附近。就是大家庭的环境养成的一种心态，觉得家挺好的，算苦中作乐。

【案例3】回去就没什么意思了

U同学：男，出生于中西部城镇，父母是事业单位职工，有一个姐姐，在省内四线城市读的本科，考研时考到了上海，研究生毕业后定居上海。2009年到省内四线城市上大学，2013年考研未果后到广州工作。

- 就学

我当时选学校的过程比较简单。我姐比我早一年上大学，我跟她去的一个学校。当时也找了一个人咨询，他可能对省内的学校比较了解，对省外的学校不太了解。现在想起来，我倒觉得出省读，可能接触的人跟学校的氛围，应该都是不一样的。

另外，现在工作了，觉得以前的专业知识对工作来说不是特别有用，一个有氛围的学校、一个经历更重要。专业不太重要，平台还是挺重要的，最起码这个学校要有一定的知名度。

● 就业

后来考研没考上，就直接出来找工作。我找工作的时候都已经很晚了，很多招聘会都已经结束了。后来就在网上找到了一个招聘信息，广州地铁的一个建设施工单位，是国企。

主要考虑这个公司给的待遇还行，也谈不上喜欢和不喜欢。当时还是想去大城市，不想去那种出了门就荒山野地的地方。当时在家乡省会也找了工作，但是我没赶上Y公司。如果当时赶上了，估计也就留省会了。工作随机性比较大，可能因为是男生，去哪里都可以。当时考虑最多的就是生计问题，看哪里待遇比较好就去哪里。

我觉得大城市有更好的包容性。虽然每个地方、每个地域都会有它自己的一个规则，有它的公平和不公平，但是小地方表现的不公平感就特别明显。因为我还没毕业的时候，我爸跟我和我姐说过，要不要去县城的那个事业单位，正好家里的亲戚就在那个地方。当时我俩都觉得还是出去吧，靠自己去闯一闯，不太想靠这种关系。而且考虑再回去可能也没什么太大的平台。

工作两年多后，想过要不要回家。有时候你觉得除了工作，就是工作，挺孤单的。如果在家的话，你上完班回去，可以约上三四个好友，是吧？在广州这个地方，就觉得大家都有自己的事情做，很少在一起。而且工作之后这个人情世故没有以前那么单纯。我就是犹豫着犹豫着，弃之可惜，想走但是又有一些顾虑。

- **生活**

定居的话，确实考虑定居广州了。对我来说比较重要的是教育问题，确实这边不会像我们以前那么难考大学。但是其实在这边定下来，压力比较大，现在还不知道自己有没有这个能力。现在广州房价太贵了。当时攒的钱在家里买房了。其实还是给爸妈考虑的比较多，就算以后自己住不了，爸妈也可以改善一下生活条件。我现在是跟别人合租，房租现在要1000元多一点，还行。

- **未来**

未来的打算只能说有可能回去吧。我想的是比较近的事情先在这里做，如果在这边再工作三四年，感觉压力还没办法平衡的话，可能也会考虑一个折中的办法，就是回去。如果可以的话，就是说能力能应对这边的生活压力，基本上就是能买个房，那就顺利的生活下去。

现在没考虑买房，反正也没什么压力，可能有女朋友了会考虑。生活是自己的，我一直觉得每个人的成长轨迹是特定的，有人快一些，有人慢一些，这个很正常。

【案例4】回家是顺理成章

S同学：女，出生于广州，父母做生意，兄弟姐妹四个都在广州和深圳。2014年到北京某985高校上大学，2018年毕业后入职深圳某国企。

• 就业

现在在深圳一家央企做人力资源，这个也是我毕业之后的第一份工作。当时找工作，我首要考虑的是地点，我还是想要回广东，广州或深圳离家比较近。其次是想要做人力的工作，因为与我的专业相关。

当时我没有想过在北京多留一段时间。当时就投了一家北京的互联网公司，别的完全没有投，就是不想在北京了。我觉得很多人留在北京，可能是因为他们是来自别的城市的人。留北京是因为自身家乡相对而言是二、三线城市，所以他们就想先在大城市、一线城市工作。可是我自己家乡就是一线城市，而且发展也都挺好。北、上、广、深，我家那边就占了两个——广、深。所以我觉得北京没有我的家人，我没有必要留在北京。好像我的城市选择还比较容易，可能别的同学会想着留在北京，但是我就不用那么纠结。我觉得，假如说家里面工作机会够多的话，其实大家还都挺愿意回去的，不太希望漂泊在外面。

以我对二、三线城市的同学的了解，他们都是刚毕业的时候选择留在北京，但他们仅仅是因为北京有一个比较大的平台，有比较多的机会，他们大概工作 4 到 5 年之后，都会带着这个优秀的履历回到自己家乡。

当时找工作时收到了一些 offer，对比了一下，发现这些工作基本都符合我本来的设想，就是公司平台大，岗位是人力，地点在深圳或者广州。再考虑薪资，我这家是给得最高的，所以就选择了这家公司。

● **生活及未来**

我现在住在哥哥家。我父母是个体户，以前经商，现在没有做了，已经积累得差不多了，就是到处玩，是退休的状态。他们自己又没有什么太大压力，我们兄弟姐妹四个都是在家附近，都在广州、深圳。未来三年就是好好工作，找个男朋友成家，没有什么特别的计划。以后就应该是定居在深圳或者广州，这个要看未来男朋友。

【案例 5】回家生活，外出工作

V 同学：出生于中西部农村，父母在广东打工，哥哥姐姐在家乡务工。2008 年在本省省会 Z 城市上大学，2012 年考研到广州，2015 年毕业后在广州做项目制工作，工作地点不固定，不工作时居住在农村老家。

● **就学**

当时考得特别差，谁也不想问，就想偷偷溜了。当时就想着找个学校赶快毕业、赶快上班。我选学校就只在省会城市里边选。我高考之前没有出过省，我只去过省会，其他地方没去过，眼界就这么大。我选的专业是工业工程，这很随意。信息特别有限，我是家里第一个考上大学的人，他们都没有经验。后来考研的时候肯定要稍微成熟一点，就想跑远一点，去沿海城市，然后选了广东。广东选完以后，也是选省会城市，去广州。广州的公交车、地铁都非常发达，所以说也感受不到人那么挤。

● **就业**

我找工作的时候，去看那些招聘会，这个工作是最合适我的。Z城的也看了，没这样的工作。现在我在广州工作，如果有时间的话，我就可以回家办公。爸妈完全没意见，他们就认为选自己喜欢的就行，自己想干什么就干什么，我爸妈对我是放养型的。

我的公司在广州，但是工作是项目制的。比如说全国的项目，每个项目三到六个月，然后就到处走，去不同地方待三五个月。没有的话，就是在家。我只有年会吃饭的时候才去公司。

● **生活及未来**

我已经结婚了。我比较喜欢这个工作，我肯定会特别希望她能理解我。但是她结婚之前跟我说，如果不回来工作的话，就不要结婚了。后来说，要么我回去工作，要么她不工作，让我二选一，最后她就不工作了。

现在在农村生活，还在原来的家里。我现在还是农村户口，我比较懒，从来不过问户口这个事情。她想到了以后孩子的教育问题,她说要到城里面,以后90%的可能性会在省会Z市,我们已经在Z市买了房子。

【案例6】 回去承担独子的责任

T同学:男,出生于新疆某小城市,父母是兵团职工,独生子。他15岁时考到乌鲁木齐上高中,2008年到北京上大学,2012年考研调剂至乌鲁木齐,2015年毕业后回新疆另一个小城市工作。

● **就学**

当时选学校比较叛逆,父母说什么就偏不选什么。另外一个,当时我不想去四川、陕西、上海这种地方,因为有自己家的亲戚在那边,我害怕他们管,我就不想去。现在觉得挺傻的,当时有点热血、叛逆,还是想去大一点的城市。反正只要是地方大了,教育可能要好一些,整个的教学质量都可能不一样。想着毕竟北京的学校还是多一些。也没有问一些亲戚,就自己选的。

后来考研没考上,本科毕业后找了一个在新疆的工作。但我爸就坚持一定要让我去上研究生。我爸在我大二那年,身体不太好。上研究生这个事,确实相当于是完全听家里的,上就上了。其实我变化还是蛮大的,在经历过我爸那事以后,现在就听他们的吧。

如果要提供建议,我会毫不犹豫地告诉他们,还是要去大城市。大城市的生活环境、竞争环境,还有一些学校的氛围确实要更好一些。

- **就业**

　　我工作的公司属于援疆的国企。确实也考虑待遇,因为国企的一些待遇比较好,补助发得蛮多,福利还是比较好的。

　　找工作没考虑北京了。北京毕竟工作机会、环境要好一点,而且有竞争,也挺锻炼人的。但是我就是想稳定下来了,想着要么就去四川,要么就在这里待着。

- **生活及未来**

　　当时考虑的就是,我爸妈想老了以后回四川,所以也要考虑他们。(我)已经二十五六岁了,想着定下来,考虑结婚的事了。这里的房子不贵,我买的时候不到4000块钱一平方米,才3000多块钱一平方米,现在基本上没什么压力。

　　现在我妈退休了,我爸还没退休。我就是打算等他们退休了,就把他们接来一块儿生活,如果说他们不愿意跟我们一起生活,就就近给他们安排一下,买个房子住在附近。(家里)就我一个儿子,还是得承担起来这个责任。

第六节　文化场域的"家"

　　"家"在中国人的价值观念中有着特殊的地位。它不仅指家庭,也指家乡,是个人归属感、认同感、安定感的来源,承载着成长的记忆,也是一个人意识行为的深层底色。不管家乡是大城市还是不发达的小镇、农村，对人们的意义都是独一无二的。游子对家乡怀着深深的眷恋是中国人朴素的情感。对大学生而言，情况也是如此，但在就学和就业两个不同的人生阶段，大学生表现的态度有所不同。

在就学阶段，学生提及比较多的是多出去看看、见识不一样的环境。在学生看来，就学阶段更像是一个工具性的过程，是通过教育增加人力资本的过程，有着强烈和清晰的目的性。对就学地的选择，更侧重能否满足接受高等教育这一基本目的。J 同学选择了一个分数合适的学校，这个学校所在的城市并不具有吸引力，因其本就不打算留在这个城市。与就学阶段不同，到就业阶段，一部分人开始出现稳定下来的想法，能够提供心理支持的家乡或附近的城市自然进入大学生的考虑范围。案例中，T 同学和 J 同学都提到这一点，想尽快实现稳定的生活，在家乡发挥高等教育文凭的价值。

对独生子女来说，选择在家乡就业有另一个重要原因，就是未来供养父母的责任。T 同学本是一个叛逆的少年，在就学阶段故意选择远离父母亲友，但在大学时由于父亲身体的一次危机，他的想法转变了，开始顺从父亲的意思，并在就业的时候选择向父母靠近。对未来父母的养老问题，他也做好了规划。中国的父母与子女之间的强情感联结，超越法律规定的代际权利责任关系，是理解年轻人诸多人生选择的重要视角。

对更具有冒险精神的人来说，大学毕业后的这一阶段是闯荡的好时机，他们拒绝在青年时期选择稳定。像 U 同学、X 同学一毕业就离开就学城市，也不回家乡，而去一线城市打拼的青年，正在用高等教育文凭争取进入大城市的机会。他们是当代最有活力的奋斗者,但在奋斗的背后,这些闯荡者也把自己的位置放得较低。在异乡,他们是孤独者、是"漂族"。相比于选择回家乡的人来说,他们需要承担闯荡失败的风险,付出了更多的心理成本。如 U 同学提到,在工作一段时间后,曾因孤独感和疏离感动过想要回家的念头。要改变这种不利的位置,就要通过奋斗在异乡建立一个新的家,从而建构安定感。这需要合法的身份、稳定的工作和住所以及较长时间的生活经历。归属感需要户口等正式制度的保障,认同感需要建立在长时间生活的基础之上。一线城市的房价成为普通学子定居的障碍,也成为很多人留在大城市需要面对的难题。U 同学说,他再试试,如果不行就回家。可以看出,最优选择是通过奋斗留下来,为自己和未来家庭争取更好的生活机会。

以上这些分析更适用于出生地层级较低的大学生,他们面临的选择是稳定还是闯荡,是家乡的小城市还是远方的大城市。但是,对来自一线城市的 S 同学来说,鱼与熊掌可以兼得,拿到大城市"入场券"是相对容易的,不用冒同样的风险,需要付出的心理成本也小得多。S 顺风顺水的故事离不开自身的能力,也体现了出生于一线城市的优势。在离开家乡接受更好的高等教育之后,S 在择业的时候可以不犹豫,顺理成章地选择家乡。她的选择不必纠结于地点,而是如何优中选优,只考虑适合自己专业的公司和职位。就文化场域来说,出生于大城市的大学生在选择就业城市时具有明显的优势。

第七节 经济场域的"家"

对家的眷恋是普遍的情感,这种情感让大学生在毕业后考虑回家就业。但同样是回家，不同社会成员未来的发展境遇可能不一样。对选择回家乡就业的大学生来说，家乡不仅是能够提供安全感和归属感的文化场域，还是寻求生计和发展的经济场域，是使高等教育投资获得预期回报的劳动力市场。不同层级的城市，市场和就业机会截然不同，大学生能立足的位置也随之呈现差异。高等教育的专业是参考分工完善且细密的经济体来设置的，城市越大，分工越复杂，越容易为大学生提供对口的岗位。对出生于一线城市的 S 来说，作为经济场域的家能够为自己未来的发展提供较大空间，是非常理想的选择。

但是对出生地层级较低的 U 来说，找到合适的工作并不容易，最后是某一线城市提供了对口的工作机会。他在访谈中提到，如果当时抓住了本省的某个机会，可能就不会去大城市，就会在离家更近的地方工作。这一选择的错过，看似充满偶然性，其实隐藏了家乡整体经济环境的落后和工作机会的贫乏，错过了一个工作机会就很难再找到理想的替代工作了。面对在家乡经济场域上的不利位置，他选择去大城市闯荡。高等教育文凭给了他进入大城市的入场券，但最终能否留下是不确定的。相似的情况也可以在 X 的故事中看到。他们的出生地层级较低，甚至就学城市也没有太多优势，他们是在就业阶段凭借高等教育文凭进入大城市的。家乡再好，但作为一个经济场域，并不能提供足够的发展空间，于是他们在就业时选择了更高层级的城市。

U 和 X 都是在就业阶段进入大城市的，他们更像是冒险的开拓者，高等教育文凭是其在大城市生存的有利因素。对出生地层级较低但是就读于大城市的大学生来说，不选择家乡而留在大城市还有更为有利的条件。他们在就读地有了几年的生活经历，对大城市的环境有了较多了解，而且基于师生同学关系的新社会网络已初步建构起来。大城市的就学经历让他们提升了在文化场域中的位置。在大城市的经济场域中，注重个人能力、追求效率的市场规则，将最终决定他们在其中的位置。

在访谈中有一个特殊案例。面对家乡差强人意的经济环境，毕业于一线城市大学的 V 同学选择了一条特殊的路。他选择从事项目制的工作，在承接项目时，需要在一线城市的单位工作，或随项目出差；在没有承接项目时，可以回到农村老家，与妻子和孩子团聚。他的经济场域是一线城市，而文化场域是家乡农村。在两个场域中，他都争取到了想要的位置。当然，这样的选择也让他付出了特殊的代价，他必须重新组织家庭生活，以适应这种时间和空间上的分隔。这条路是他在尝试调和不同场域位置的特殊策略。

对想要回家又不能在家乡经济场域中找到合适位置的大学生来说，他们有另一条路——进入体制内的机关单位。体制内工作具有特殊性，无论什么样的经济场域都能提供工作岗位，且稳定体面、社会地位高、社会评价好。在经济不发达的地域，经济场域能够提供的位置十分有限，而体制内工作能够弥补这种不足。案例中，J 就选择了这样一条路。事实上，做出类似选择的大学生不在少数，公务员考试热度的居高不下就是例证。当然，并非所有的青年人都向往这种生活，比如 U 和 X 就拒绝了，理由就是下文要提到的，对家乡社会场域的不满。

总之，出生地层级较低的大学生比出生地层级较高的大学生，在选择就业地时面临的风险和需要克服的障碍更多。出生地层级较低的大学生选择家乡作为就业地时，他们在经济场域里能争取到的有利位置较为有限；高等教育文凭为他们进入大城市提供了入场券，但当他们进入大城市的经济场域时，需要付出更多的心理成本，面临未来更多不确定的风险。

第八节 社会场域的"家"

现代化的大城市与欠发达的小城市不仅在经济发展水平上有较大差别，在社会运行的规则、人们行事逻辑上也有明显不同。社会场域里不同的规则，是大学生选择就业地的考虑因素。在大城市和小城市之间犹豫的青年人，在对不同地域所见所闻的对比中，逐渐形成这样的看法："大城市靠能力，小城市靠关系。"大城市是陌生人社会，有更公平的机会，成功大多依靠自身的能力；小城市，尤其是县城，更像是人情社会，在较为闭塞的社会场域内，关系才是成功的关键，而非能力。学术界对小城市的关系规则的盛行也有研究，其中社会反响较强烈的是北京大学博士冯军旗在挂职一年后对中县"政治家族"进行的分析。他在文中提到，关系在中县干部的晋升中起着重要作用，在最普遍的血缘关系、姻缘关系之外，干亲、同乡、同学、战友等共同编织人际关系网（冯军旗，2011）。

在访谈中也出现了小地方社会规则更加模糊的声音，有尝试依靠关系找工作的例子。U提到，他父母曾问过姐弟俩是否愿意回到家乡，靠关系进入事业单位。其实在笔者访谈家长时，也有明显感受，一些在体制内工作的家长，在就学之前就对孩子的将来做了打算，如果毕业后没有更好的去处，他们可以借着社会关系获得在相关机关单位就职的亲戚的帮助。对能力不具优势的大学毕业生来说,回家通过社会关系求职是一条捷径,同时也意味着放弃了进入大城市的机会。在 U 的例子中可以看到,他并不认可小城市的关系规则,也不想重新适应,即使他在其中处于优势地位。他提到,小城市的关系规则不仅体现在职业机会和未来晋升路径上,还渗透到日常生活中,比如办事都要找人托关系等。他更认可和追求的是在人际关系更透明、依靠个人能力的大城市工作。

对离开家乡去更高层级的地域上大学的大学生来说,如果他们在就业阶段又回到家乡,可能会在家乡的社会场域中背负一个身份——失败者。X 在访谈中明确提到,他就是抱着不服输的心态在北京打拼的。能够进入大城市,并且在激烈的竞争中留下,是个人能力的表现,这种成绩能够赢得社会赞誉。离开家乡到更发达的地方求学,在地域层级流动层面是向上流动,如果在就业阶段再回到原点,就相当于向下流动,面对地域流动失败带来的挫败感是他们选择回到家乡时需要面对的压力。对很多在大城市打拼的小镇青年来说,不服输的心态是他们奋斗的精神动力。

以上的讨论适用于出生地层级较低的大学生。他们在面对不同的社会场域时,要做出权衡和取舍。反观一线城市的 S,她回到家乡就业不存在取舍或心理困境的问题。无论在哪个场域,她的位置都是较为有利的。出生地带来的优势是他们以更少的成本获得更多社会资源的因素之一。

从场域的视角总结以上几个不同出生地的大学毕业生的就业选择。就业地域同时是文化场域、经济场域和社会场域,在包含了三个维度的场域中，大学生在各个维度有其相应的位置。大学生选择就业地的过程就是在三个场域中寻找最佳位置的过程。对出生于大城市的毕业生来说，其在三个场域中都居于有利的位置，而且位置相互契合。对出生地较低的学生来说，无论选择大城市还是小城市，都会面临阻力。如果选择大城市，将遇到文化场域上的阻力，如异乡的漂泊感，缺少稳定感和归属感等，还要面对前途的不确定性，如负担不了生活成本、最终难以留下等。如果回到家乡的小城市，他们可能会遇到经济场域的阻力，找不到与专业匹配的工作，但可以选择替代方案，如进入体制内。另外，可能因为"失败的奋斗者"这一标签遇到社会场域的阻力。不同场域中位置的矛盾性，让出生地层级较低的大学生面临更艰难的选择。场域和位置视角，能够为观察大学毕业生的就业选择提供新思路，还能在一定程度上解答大学生就业流动性强的问题。总之，对大城市出生的学生来说，其就业优势在于三个场域位置的协调性；而对小城市或农村地区出生的学生来说，其就业面临的不利境遇在于三个场域位置的矛盾性。

第九节 本章小结

本章关注大学生的就业地选择，以在校大学生的定量数据分析其就业城市意向，以已毕业大学生的访谈案例分析其实际的就业选择，证明具有家庭背景优势和出生地优势的学生在大城市就业机会上有更多优势；出生地优势经高等教育的起点和结果实现地域优势的传递。

定量分析方面，本章以大学生意向就业城市的层级作为因变量，建立 ologit 多元有序模型，解答学生大城市就学选择的相关问题。建立家庭背景优势假设、出生地优势假设和院校地优势假设。结果显示：①控制模型中其他效应不变，加上家庭背景变量，仅父亲职业阶层影响学生大城市就业意愿，家庭背景优势假设得到证明；②控制模型中其他效应不变，加上出生地层级变量，出生于一线城市的学生较出生于其他地区的学生，更想去层级更高的城市就业，出生地优势假设得到证明；③加入院校地变量后，在大城市就读的学生更倾向于到层级更高的城市就业，院校地优势假设得到证明，家庭背景优势和出生地优势的效应被掩盖，这表明先赋优势通过影响学生高等教育就学地的选择，间接影响其就业地偏好，家庭背景优势和出生地优势具有传递性。

定性分析方面，通过展现不同出生地的毕业生的就学、就业轨迹，分析出生地对就业地选择的影响。在布迪厄场域概念的基础上，发展出文化场域、经济场域和社会场域三个分析视角，围绕大学生是否回出生地就业，解读大学生就业地选择和变动的原因。通过分析他们在不同场域中的位置，说明相较出生地层级较高的大学生，出生地层级较低的大学生在选择就业地时面临更多的困境。出生于大城市的学生，其就业优势在于三个场域位置的天然协调性；出生于小城市或农村地区的学生，其就业面临的不利境遇在于三个场域位置存在矛盾性，但高等教育文凭及其赋予的人力资本使他们仍保有进入大城市、立足大城市的希望。

本章的主要贡献有以下几个方面。一是将大城市就业机会视为高等教育结果的一个方面，证明家庭背景、出生地、就学地对学生大城市就业意向的影响，丰富高等教育结果方面的研究。二是在大城市就业意向方面发现家庭背景和出生地效应的作用机制，即通过影响学生重点大学入学机会和大城市就学机会，间接影响其大城市就业意向和机会。在当前地域层级分化的格局下，在更高层级的城市就业意味着能够获得更高的经济回报和发展机会。家庭背景和出生地的优势虽然不直接作用于学生就业地的选择，但能通过影响学生就学，将学生的就学优势转化为就业优势。

第七章　地域层级与高等教育：总结与分析

本章主要基于以上四章的实证分析，总结出生地与高等教育之间的关系，说明地域层级通过高等教育实现了个人和区域的双重优势再生产。本书聚焦高等教育机会获得的出生地效应，并分析背后更深层次的问题——出生地效应存在的主要原因是资源基于地域层级的差异化分布，那么地域层级为什么会存在，它的产生有哪些机制？地域层级分化格局在国家深入推进新型城镇化战略的进程中会产生哪些变化？本章将结合现有研究，从理论的角度对上述问题做出回答。

第一节　双重优势再生产：地域层级与高等教育的关系

实证研究证明，出生地优势经高等教育的起点向结果层层传递，实现优势再生产。实际上，地域层级与高等教育的关系不仅体现在个人层面，对地域或城市本身也具有影响。综合考虑高等教育在个人和地域层次的作用机制，可将其总结为地域层级的双重优势再生产。

一　个人层面的优势再生产

具有出生地优势的学生，通过高等教育将出生地优势转化为优质高等教育入学机会优势、大城市就学机会优势，进而转化为大城市就业机会优势，这是个人地域优势的再生产。如果一个人具有出生地优势，即出生和成长在资源富集的大城市，那么他将有更多的机会获得相对质量较高的基础教育，进而在高等教育入学机会方面处于先天的优势地位，上重点大学的可能性就更大。由于重点大学多分布在高层级城市，他们也就更有可能去大城市上学；加之"人往高处走"的流动规律，出生地层级较高的学生，更倾向于选择在大城市就学。上重点大学和在大城市就学的学生，在就业时将倾向选择资源富集的大城市。这样先赋性的出生地优势，经高等教育的起点到结果，实现优势的再生产。

社会阶层流动有代内流动和代际流动之分，将其放入地域层级流动上也具有适用性，地域层级的流动也有代内和代际之分。本书的研究聚焦大学生的出生地、就学地和就业地，兼具区域层面上的代内和代际流动。大学生的出生地既可视为其父辈所处的地域层级，也可视为其前期所处的地域层级；大学生的就业地，可视为其后期所处的地域层级。如果大学生的出生地与就业地处于不同层级，即发生了地域层级上的流动，那么这种流动既可视为父辈到子辈的代际流动，也可视为子辈的代内流动。因此地域分层格局的优势，能够通过高等教育实现代际传递。大学生对就业地的选择不仅是个人职业的选择，还是其未来生活地点的选择，关系其子辈的生活环境。在优势群体实现地域优势代际传递的同时，居于不利位置的群体也意识到问题所在，并努力打破劣势的代际传递，如农民在城市买房，通过"教育移民"为子女争取更好的教育条件等（刘雅晶，2014）。总之，由地域层级分化导致的个人先天优势和劣势，既有代内传递性，也有代际传递性，且具有明显的代际再生产的特点。

二 地域层面的优势再生产

较高层级的地域通过高等教育机构的产出和大学生的涌入，维持其在地域分层上的资源优势，这是地域层面的优势再生产。若换一个角度来看，大学生在就学和就业时选择优势地域，正是优势地域聚集高素质人力资源，从知识溢出效应中获益的过程。下面从高等教育机构和高等教育对象两个方面做出说明。

第一，地域优势经由高等教育机构实现再生产。前文提到，地域层级分化是社会资源差异化分布的表现，其中就包括教育资源的差异化分布。中国的重点大学大多分布在一、二线城市，这既是地域层级分化的表现之一，又是地域层级分化格局得以维持的原因之一。高校和科研机构是知识生产、技术创新的重要主体，对当地的产业发展、科技创新、经济增长等有着积极影响，这已被中外研究者基于不同国家或地区、不同行业的相关数据所广泛证明（Arbo，2007；吴菊珍，2018；戴胜利、李霞、王远伟，2015；顾云、董亚宁，2018）。

需要注意的是，高等教育机构是地域优势再生产的充分条件，而非必要条件，也非地域维持优势的唯一条件。高校对提高当地相关产业的发展和创新能力有益，但并不是说某地有高校存在，就能保证其地区的优势地位。例如，河南大学位于四线城市开封市，在河南大学 2018 届毕业生中，只有 7% 的学生选择在开封市就业，有 6% 的学生其生源地为开封市（河南大学就业创业指导中心，2019），并没有明显的人才流入，四线城市在地域分层上的不利地位没有因为高校而扭转。反之，在高等教育资源相对贫乏的优势地区，即使该地区高校资源不足，也能通过高等教育获益，其获益的途径是就业的大学生。这就是第二点要论述的内容。

第二，地域优势经大学生的流入实现再生产。如果说北京、上海利用了路径一实现优势再生产，那么深圳就是利用第二种路径的典型。深圳市发展历史不长，所在地高校不多。从高等教育资源禀赋来看，深圳优势较小，但是深圳凭借产业、薪资优势吸引了大量大学毕业生，用经济优势吸引了其他地方培养的高等教育人才。深圳的例子说明，优势地域通过大学生就业地的选择，实现了人力资源储备优势再生产。其实现在很多城市开展的"抢人大战"都可视为在尝试通过路径二争取人才流入。地域优势再生产的前提，是该地域本身就有优势，如果一个城市位于较低的地域层级上，缺少经济机会和职业发展机会，仅凭借短期的人才政策吸引大学生，那么长期取得的效果可能是较为有限的。

图 7-1 总结了个人和地域层面的优势再生产。地域层级的优势再生产将进一步影响高等教育的机会分布。对个人来说，出生地是先赋性因素，如果先赋性因素对教育机会和发展机会会产生较大影响，那么个人凭借后天努力取得成就的机会就会相对受限，这将会削弱社会成员的奋斗积极性，也会对社会整

体的发展产生阻力。好在国家意识到起点差异对教育机会的影响，正在着力改善贫困边远地区的入学机会问题，这是为了均衡教育机会而实施的改善政策。同时，我们也应意识到，教育问题从来就不单单是教育系统本身的问题，教育是社会体系的一部分，受到政治、经济等其他系统的深刻影响。我们应正视地域差异的现实，认识到在其影响下的教育机会不均衡分布这一问题的客观存在，找出问题存在的深层原因，通过持续地调整来激发社会成员的积极性，保持社会活力。

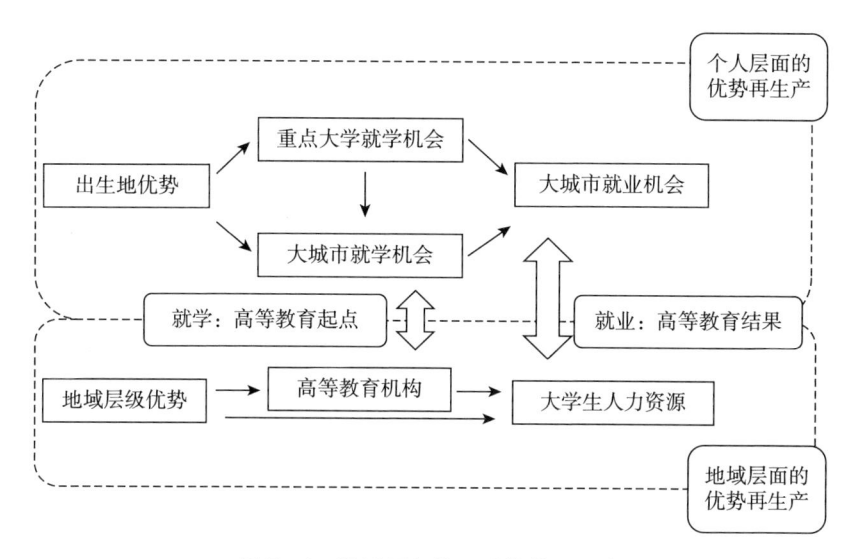

图 7-1　地域层级的双重优势再生产

传统的社会分层研究围绕两个重要问题展开：谁得到了什么？为什么得到？（李强，2011；伦斯基，1988）在地域分层问题上也可以有同样的发问。就本书而言，"谁得到了什么"的问题得到了解答，即出生于优势地域的学生得到更多进入重点大学和大城市的机会，同时，优势地域因为高等教育机构和大学生得到更充足的知识资源、技术资源和人力资源。应该追问的另一个问题是"为什么得到"——为什么不同层级地域的资源富集程度不同？是哪些因素导致了地域层级的分化？下文尝试对上述问题做出解答。

第二节 行政主导、市场累积、社会强化：地域层级的形成

本节从政府、市场和社会三个方面分析地域层级分化格局形成的原因。本节尝试论证：政府和行政权力是地域层级分化的主导因素，是决定地域分层的第一要素；市场和经济力量是地域层级分化的累积因素，是导致地域分层的第二要素；以职业群体和相关利益群体所代表的社会力量是地域层级的强化因素，是形成地域分层的第三要素。

一 行政主导

权力是理解社会结构和社会动态来源的主要通道（卡斯特尔，2019）。中国封建社会城市形成的基础与西方不同。秦汉以后，在封建集权的体制下，从都城到地方州县以及集镇等，都有着较为严整的等级体系（吴良镛，2006）。中华人民共和国成立后的地域管理为服务计划经济的需要，处于严密的行政等级管理体系之中，并沿革至今。分析地区行政等级，理解现行财税制度下行政权力对资源配置的主导作用以及与行政等级所对应的城市发展权的差异，是分析地域层级分化的关键。

（一）行政等级

城市行政等级的设置在行政区划的基础上形成。根据《中

华人民共和国宪法》（2018 修正）规定，中华人民共和国的行政区域划分如下：（一）全国分为省、自治区、直辖市；（二）省、自治区分为自治州、县、自治县、市；（三）县、自治县分为乡、民族乡、镇。在县/市一级上，由于城市政治地位的不同，又分为不同的等级。中国现行城市层级体系从计划经济时期的城市管理架构调整而来，其间经历了 1983 年以来设立计划单列市、1994 年以来设立副省级城市等变化。我国当前城市之间已经形成了严格且多层次的行政等级体系，大致可分为国家级、省级、地市级、县级和乡镇五级（陶聪等，2018）。

另外，由于一些省份推行的体制改革，如"省直管县"、推行"强镇扩权"等，有部分县、镇在财权、事权上位高一级，但总体遵循上述等级序列。

行政等级序列不仅规定了行政区划范围，也赋予不同城市、城镇相应的经济管理和项目审批权限，任命了相应等级的行政官员。在项目审批权上，国家从法律层面上规定了高级别城市的权限。《中华人民共和国城乡规划法》规定，直辖市的城市总体规划由直辖市人民政府报国务院审批；省、自治区人民政府所在地的城市以及国务院确定的城市的总体规划，由省、自治区人民政府审查同意后，报国务院审批；其他城市总体规划由城市人民政府报省政府审批。低级别的城市由于上报层级较多，容易遇到审批周期长、难度大的困难，在谋求城市发展中处于弱势地位。如根据《土地利用总体规划管理办法》的规定，土地指标由省到乡逐级分解，在优先满足高等级城市的用地需求之后，低级别城市、城镇发展就受限了（张锐，2017）。

在不同行政等级的城市任职的行政官员，也保证了高等级城市在资源获取上的优势地位。虽然从第一级到第五级城市的政府行政首长都称为市长,但其职位等级及权力有显著差别,前者是省部级干部,后者是县处级干部。在等级序列中排位靠前的城市,其主政官员一般也兼任党的省委常委,在资源配置中有更大的话语权参与省政府乃至中央政府的资源分配决策。在以地方经济为主要考核指标的政治晋升激励下,地方领导将在任期内努力为本城市争取上级更多的政策优惠和资源供给(金田林,2017)。

(二) 财税体制

1994年以来实行的分税制改革,增强了国家财政的宏观调控能力,加强了中央政府的权威。但是,在财税上缴和再分配的过程中,上级政府对财政收入层层上收,对资源层层分配,使基层地区难以获得与事权相匹配的财权,从制度上导致了不同层级地域之间的发展差异。

中华人民共和国成立以来,我国财税制度的变化大致可以分为三个时期:改革开放之前的"统收统支"制、20世纪80年代到90年代中期"分灶吃饭"的财政包干制、1994年以来实行的分税制。20世纪80年代,为了尽快发展经济,激发地方政府发展的积极性,财政政策的总体基调是分权让利,划定包干。税收划分方法遵循属地征收的原则,地方工商业税收几乎都归入地方财政。这是20世纪80年代地方政府大力发展乡镇企业的重要原因。财政包干制使地方政府财政收入在财政总收入中的比重上升,中央财政收入所占比重下降,这导致中央政府调控能力下降,超过了"分权的底线"(王绍光,1997)。

在此背景下,中央开始实行分税制改革,主要变革包括重新划分税种、分设国税地税机构、实行税收返还和转移支付等（周飞舟，2006）。企业增值税这一规模最大的税种变为中央、地方的共享税，其中大部分（75%）归中央，小部分（25%）归地方，加之企业消费税等税种向中央财政上缴，中央政府加强了总体调控能力。在地方层面，各级政府从企业经营中的获益大幅减少，而管理企业的责任、防控企业破产的风险仍在，削弱了各级地方政府经营企业的积极性。与企业增值税不同，营业税归属地税，所以地方政府财政收入的主要来源由增值税转向了营业税。营业税的税源主要是建筑业和第三产业，催生了"土地财政"，导致地方政府行为由"经营企业"向"经营城市"转变（周幼曼，2014；周飞舟，2010）。"经营城市"涉及土地指标、城市规划等需要审批的项目，高等级城市具有更大的权限优势。

分税制除了将地方财权上收，还建立了中央向地方的转移支付制度。一部分原归属地方的收入上收到中央后，地方的财政收支出现缺口。有学者统计，地方财政支出的20%~30%要靠中央财政对地方的转移支付，转移支付方式包括税收返还、专项补助等（周飞舟，2006）。分税制规定的是中央与省一级财政之间的分配，在省内，每一级政府都有权决定其与下一级政府的财政划分方法，这就造成财政压力的向下转移。中国实行中央、省（自治区、直辖市）、地级市、县（市）、乡（镇）五级财政体系，也有部分地区实行"乡财县管"的四级体系。在获取中央转移支付时，行政等级越高的城市，资源的优先分配权越大，加之高等级城市行政领导的话语权优势，使得高等级城市具备更强的财政能力和更优的发展条件。

(三) 城市发展权

在城市的行政等级与现行财税体制下，不同城市资源的分配差异导致城市发展权差异。城市发展权的差异是政治制度安排和行政权力分化的产物，也是造成地域层级分化的起点和主导因素。

城市的等级化管理将不同行政等级城市置于发展的不同优先位序上。一方面，高行政等级的城市，即直辖市、省会城市和副省级城市，利用其政治地位优势获得下级城市的公共剩余，同时获得更多中央转移支付，聚集大量资源；"首位城市偏好"保证了行政资源在省会城市的优先配给，导致首位城市的超常发展和"虹吸效应"，加剧资源在省区内部的分配不均衡（金田林，2017）。另一方面，低层级城市和城镇的发展资源受到限制，影响了中小城市和小城镇的发展活力（李铁，2013）。

对比国外的小城市（城镇）财税和行政制度，能帮助我们更好地理解小城市（城镇）发展权的重要性。以德国为例，德国每个城市（镇）都有独立的财政职能部门，财政和税务合一，收支统一管理，只为本级政权服务，归属本级政府领导，财权随政事运转。联邦、州和地方三级政府之间实行分税分级财政，但市级财政部门（市财政局）与上一级财政部（州财政部）及联邦政府财政部之间没有隶属关系，上一级财政部门按照法律规定，对下级财政部门履行转移支付义务（何成军，1997）。德国小城市（城镇）基于平级的行政管理和相对独立的财政设置，享有平等的发展权，这是德国小城市（城镇）发展星罗棋布的制度基础。

近年来，我国继续深入推进新型城镇化战略，支持中小城市发展,支持特色小镇建设,低等级城市和城镇发展步伐加快。中国城市发展资源不均衡导致的小城市(城镇)发展受限的问题,已被认识并采取政策措施予以解决。2010年底,浙江省率先进行强权扩镇的体制创新,解决小城镇"责任大、权力小、功能弱"的问题,让27个试点镇拥有更多的财权、事权,推动小城镇成为小城市(李铁,2012)。体制创新对释放中小城市活力、城市均衡发展有重要意义。同时应注意到,改革是在现有的行政等级框架之内的,仍是行政权力升格之后才提升了发展空间。以行政权力为支撑的发展权,仍是主导地方发展的推动力。

总之,以行政等级和财税体制为依托的城市发展权的差异,是地域层级形成的基础和主导因素。在发展权分化的基础上,不同地区获得了不同的政策制度环境及土地、资金等市场资源,进而产生不同的经济社会发展水平。

二 市场累积

党的十八届三中全会提出,要让市场在资源配置中起决定性作用。市场通过供求关系使资源配置更快、更有效,尊重市场规律是中国建立完善的社会主义市场经济体制的必然要求。值得关注的是,在中国地域发展权存在差异的情况下,不同地域的市场得以形成和发育的基础是有差异的。发展权的差异导致资源分配不均衡,其中一类资源就是市场要素资源,包括土地、资金、产业等。基于发展权差异形成的市场会按照市场的规律运行,但起点的差距将在市场循环累积因果效应的影响下迅速扩大,最终形成发展水平不同、规模效益不同的地域层级市场。下面从两个方面说明行政优势是如何转化为市场要素优势的。

首先是土地。"土地是财富之母",不管是农业社会还是工业社会,土地都是基本的生产资料,是劳动力、资本和技术等生产要素的地理空间载体。满足工商业的基本用地需求是一个城市发展现代化产业的基础,城市的发展与城区面积的扩张是紧密联系的。对工业投资来说,土地的足量供应是其投资设厂的基础。对房地产企业来说,土地是其生产财富的根源。有学者曾提到开发区泛滥、城区建成面积无序扩张的问题,就土地开发背后的政治逻辑而言,这种扩张其实体现了城市对土地资源的不同支配权,等级越高的城市更具有利用土地的优势。

其次是税收、现金等财政补贴。这是从制度和政策环境的角度分析行政优势是如何转化为市场优势的。财政补贴的形式多样,按支出形式可分为四种:一是直接的现金补贴,如为鼓励发展某种产业而设立的专项补贴;二是实物形式的补贴,如低价或无偿提供商品;三是减免税务,实际上以先征税后返还的形式进行;四是财政贴息,这是政府减轻企业贷款利息压力的举措(顾善慕,2006)。无论哪种形式的补贴,都是地方政府对企业的特殊优待,优待力度与地方财力紧密相关。这就又与城市行政等级和发展权相关,因此,能够聚集更多财政资源的地方,向企业转移支付的实力就越强,越有能力为企业提供优惠,也就对企业有更大的吸引力。

以上只是选取土地和财政补贴两点来说明城市的行政优势如何转化为市场要素优势。影响地域市场规模的要素还有很多,如劳动力供给、技术创新、信息流通等。一些研究直接证明行政等级对上述市场要素的影响,如行政级别越高,人才优势越大,融资便利更多,制造业全要素生产率也越高(江艇、孙鲲鹏、聂辉华,2018);城市行政级别与外资进入呈正相关(曾鹏、秦艳辉,2017);等等。

除了行政地位赋予的市场要素优势,城市获得发展的另一个动力是城市本身的区位优势和资源禀赋,这点尤其适用东部沿海新兴城市。蔡昉和都阳(2003)根据城市获取资源方式和发展方式的不同,对城市做了以下分类(见表7-1)。

表7-1 城市获取资源方式和发展方式差异

政府力量	市场力量	获取资源方式和发展方式	典型城市
强	强	既能以再分配的方式获取资源,又有城市的自我融资能力	直辖市、沿海计划单列市
弱	强	依靠区位优势,发展乡镇企业和三资企业,主要依靠自我融资	沿海中小城市
弱	弱	再分配来源枯竭且没有自我融资能力	中西部城市

城市无论主要依靠行政等级优势获得发展,还是主要依靠区位优势实现自我融资,抑或二者兼有,市场一旦运转起来,就会发挥其规模优势,在市场循环累积因果效应的作用下将市场越做越大。市场受行政资源配置的影响,但不是完全被动的,市场有其相对独立的运行规律。表7-1中提到的沿海中小城市,在没有行政优势的情况下,依靠自身区位优势也能得到发展。如果仅依靠行政力量,而没有发育完善的市场,那么这种发展在市场经济体制下是不可持续的,仅依靠政府并不能保证优势的循环累积。

总之,市场在地域层级分化中起循环累积作用。市场规模优势得以累积的基础,一方面来自行政优势转化而来的市场要素优势,另一方面来自自身区位优势等条件实现的融资。市场受行政力量影响,但市场规律具有相对独立性,仅依靠行政力量支持的城市发展是不可持续的。城市优势的维持和累积背后的逻辑是市场的循环累积因果规律。

三 社会强化

社会机制强化了地域层级分化格局,强化作用一方面在于社会职业结构,另一方面在于社会资源共享群体,前者主要受市场规模和产业结构的影响,后者主要受社会公共资源配置差异的影响,二者都直接或间接受制于政府和市场。

第一,是社会职业结构对地域分层的强化影响。在政府和市场的共同作用下,不同层级的区域形成不同的产业结构。产业结构决定职业结构,职业结构又通过持续吸引相应的劳动力,影响不同地域的人口规模和人口结构,进一步强化既有的分化格局。目前,不同层级的城市已呈现较为明显的职业分层结构。有学者用第六次人口普查数据绘制了不同规模城市的职业分层结构(李强、王昊,2014),具体内容见图7-2。

图7-2以人口规模区分城市类型,这与地域分层有相当大的重合性,因为城市人口规模与地域分层是高度对应的。城市规模越大,在分层结构中越靠上,底层职业群体的比例越小,中层职业群体的比例越大,社会结构的现代化程度越高。社会职业结构展现的是对相应劳动力人口的持续吸引。高层级城市提供的中层职业机会多,能为高素质、高学历的群体提供更多职业选择。在人口吸引力方面,规模越大、等级越高的城市不

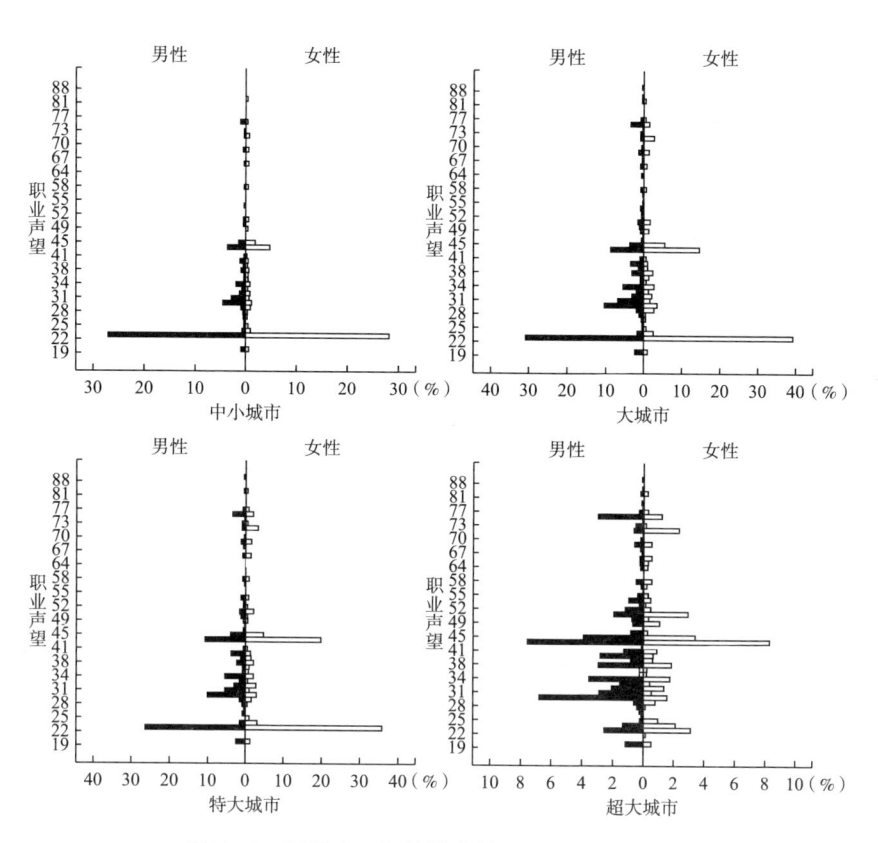

图 7-2 不同人口规模城市的职业分层结构差异

仅通过职业结构影响职业中层人口和上层人口，也作用于职业下层人口。城市体系的运转不能只依靠白领和程序员等，还要依靠清洁工和快递员等承担城市基础职能岗位的工作者；高精尖产业功能的发挥，需要基础服务业的保障和支持。从相关数据比较来看，城市规模越大，职业中上层人口的增长速度越快，同时三个层级的人口都进一步向大城市流动（李强、王昊，2014）。因此，职业结构通过影响劳动人口流动，对地域分层结构的形成起促进和强化作用。

第二，是社会资源共享群体对地域分层的强化影响。基于地域社会资源和公共服务的差异，不同地域的社会成员逐渐形成资源共享的社会利益群体，这种资源共享群体将进一步强化高层级地域的优势地位。目前，国家正着力推进社会公共资源和服务的均衡化发展，但教育、医疗、养老等基本公共服务尚未实现全国统筹和无差别共享，社会成员获得的公共服务很大程度上依赖于城市的资源富集程度和财政实力。行政级别越高的城市，具备的存量资源越多，这既包括市场要素资源，也包括社会公共服务资源，如重点学校、优质医院等。

"社会屏蔽"（social closure）是社会分层分析的关键概念，在地域分层中同样适用。圈子内部的资源富集程度与圈子的封闭程度、成员的准入难度成正比。高层级城市的资源虽然丰富，但不是无限的。城市的社会福利越丰富，城市居民身份所附着的资源就越密集，因此，获取社会福利的条件逐渐形成。这也是北京和上海这类一线城市的各项福利更优，户籍管理也更严格的原因之一。对一线城市的外来人口而言，获得户籍本身就代表了一项社会成就；对求职者而言，户籍的重要性甚至超过薪资。即使中小城市、县城、乡镇全面放开户籍准入，人口流入也不多。

职业结构和社会资源共享群体是社会领域强化地域层级分化格局的两个因素。相比于职业结构，进入资源共享群体的门槛更高，发挥的强化作用更为突出。市场经济条件下，职业岗位是开放的，任何符合职业要求的劳动者都可以竞争上岗。即使在高等级城市中，次级劳动力市场也是存在的，这让许多低技能劳动力职业也进入了职业结构。但是，社会资源共享群体的强化作用是有制度维护的，在制度条件之外，还有人们心理认同的作用。社会资源共享群体要防范至少两方面的挑战：一是其他地域的社会成员，二是本地域的外来人员。资源共享群体的排他性在教育领域的表现更为明显。

职业结构和社会资源共享群体的强化作用是可以相互交织、相互转化的。例如，一些岗位只开放给本地户籍居民或本地户籍居民优先，使社会资源共享群体的成员身份转化为职业优势；一些职业（尤其是国企和事业单位这类体制内岗位）本身就能解决户口问题，使人们通过职业获得该地域资源共享群体的成员身份。总之，社会领域内职业结构和社会资源共享群体的形成，对地域层级分化产生强化作用。

通过分析政府、市场、社会三个领域的作用机制，笔者剖析了地域层级分化形成的原因。总结来说，政治领域的行政等级和财税体制赋予每个地域不同的发展权，使注入市场和社会的资源存在起点差异；在差异化的要素供给条件和发展环境下，市场形成的规模不同，地域经济发展差别经市场循环累积因果效应不断再生和扩大；在社会领域中，公共服务差异形成了资源共享群体，产业差异形成了社会职业结构的差异，对既有的地域分层格局产生强化作用。图7-3简化了政府、市场和社会的关系，在现实中三者的作用机制是复杂的、相互影响的。如果一个地域市场成熟、经济发达，那么由地方市场获得的经济效益可以转化为财政收入，提升社会领域的公共服务水平；当某地域经济繁荣，职业结构可以吸纳足量的劳动力人口，此地也有可能升级为更高一级的城市，进而获得更大的行政权力。总之，政府、市场和社会的视角是理解地域层级分化形成机制的理论工具，在行政主导、市场累积及社会强化的综合作用下，层级化的"政治经济社会区域体"得以形成。

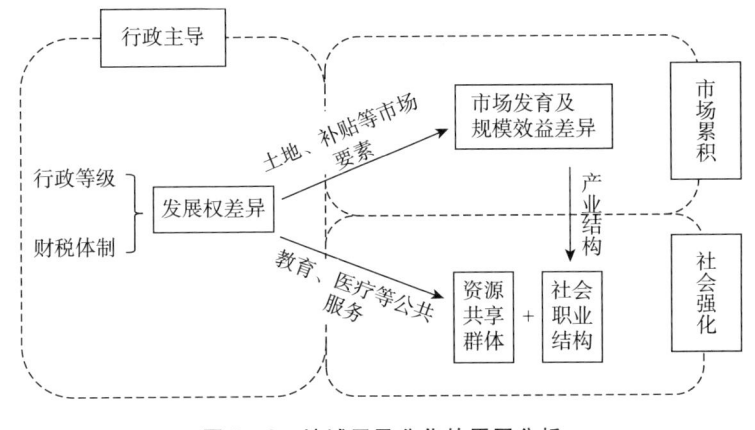

图 7-3 地域层及分化的原因分析

第三节 效率与公平：地域层级的社会评价

城市化过程中形成的城市规模差异是普遍现象。地域差异化发展能使大城市更好地发挥规模效益，提高公共资源的利用效率。有权力的存在，就必然有支配和被支配的关系，产生人为干预下的资源差异化分配。地域层级分化使得地域之间应有的分工合作关系变成支配和被支配的关系，使得不同地域人们之间的生活环境差异变成生活机会差异。本书用数据证明了地域层级对高等教育机会的影响，随着地域层级分化格局的变化，或许未来会有更多数据证实地域层级在社会生活方方面面的资源获取机会上产生的影响。

根据公平和效率的关系，可以将社会的发展状态分为四类：公平且有效率、公平但效率低、不公平但有效率、既不公平也无效率。公平且有效率的社会是人们追求的社会理想状态。暂时牺牲公平换取效率、谋求发展或者暂时降低效率来保证公平、谋求稳定，在一定历史时期都具有其正当性。但是，如果社会变成既损害效率，又无法保证公平的状态，就应当引起足够重视了。

以行政权力为主导的城市差异化发展路径，曾发挥了巨大的规模效益，强力拉动了经济增长，并迅速发展了一批现代都市。虽然这种发展基于发展权差异，更注重效率，但它做大了整体的经济"蛋糕"，仍有其正当性。经济学领域有关资源错配等方面的研究，对地域分层格局的效率问题进行了相关研究和证明（年猛、王垚，2016；江艇、孙鲲鹏、聂辉华，2018；韩剑、郑秋玲，2014）。在完全的市场经济条件下，资源会借由市场敏锐的嗅觉转移到更能发挥效率的地方。但在中国的政治经济体制下，资源的区域调整更多地受到行政力量的影响，这已不单单是市场可以解决的问题。

地域层级分化成为目前中国城市结构分化的重要方面，是在中国高速发展进程中与特定发展阶段相对应的地域发展形态。随着国家对区域差异问题的重视，以及新型城镇化过程中城市发展规律的自发调节作用，地域层级分化及由之引发的资源分配差异将逐渐缓解。中国已经逐渐形成了不同区域、类型、层次的城市群，是我国新型城镇化的主体形态和重要引擎（李强，2021）。城市群的发展有利于调整地域层级分化带来的资源差异化分布，使人口和资源的布局更加合理。

回到本书的主题——高等教育机会获得，这属于社会领域的议题。在公平和效率的天平上，如果说经济领域内暂时倒向效率一边是可以接受的，但社会领域无论什么时候都更应该侧重公平，保证每个人都有平等地享受基本社会公共服务的机会。从个人角度来看，地域层级分化是先赋性因素，它不仅影响经济机会，还影响包括获得教育资源在内的社会资源的机会。单就教育资源来说，教育是社会流动的重要渠道，获取教育资源的机会有重要的意义。如果教育这一实现地位上升的渠道变窄，那么会对社会的流动性和开放性造成更深远的影响。促进教育资源的均衡分布，弱化个体出生地的影响，以培养学生能力为导向，是构建更开放、更有活力的社会应该持续努力的方向。

第四节　本章小结

本章总结了地域层级与高等教育之间的关系，说明地域层级通过高等教育实现个人和地域的优势再生产。对个人来说，出生地层级越高，越有可能在重点大学和大城市就学，也更有可能在大城市就业，说明出生地优势通过高等教育起点和结果两个阶段实现优势再生产。对城市来说，地域层级优势越大，高等教育资源越多，越能够吸引大学生来就学和就业，进而实现地域优势的再生产。

出生地对高等教育机会的影响，反映了社会资源基于地域的差异化分配。基于文献和二手数据，笔者发现，行政等级和财税体制导致了地域发展权的差异，将行政优势转化为市场优势和社会资源优势，并经过市场的累积效应和社会的强化作用，形成地域分层格局。

从效率和公平的角度对地域层级做出评价，指出地域层级分化曾经发挥了巨大的规模效益，但现阶段资源配置效率有所下降。随着中国新型城镇化战略的继续推进和城市群的发展，地域层级分化带来的资源差异化分布将得到改善。

本章的主要贡献在以下两个方面：一是总结地域优势经高等教育实现优势再生产，归纳高等教育与地域层级的关系；二是剖析地域层级分化的政治、市场和社会机制，展望地域层级未来的变化趋势。因此，促进教育资源的均衡分布，弱化个体先赋性因素的影响，以培养学生能力为导向，是构建更开放、更有活力的社会应该持续努力的方向；分析当前中国社会结构需要在关注社会阶层分化的同时，关注地域层级引发的机会差异。

第八章 结论

本书通过问卷调查和田野访谈，主要关注个人去哪上大学、谁获得优质高等教育入学机会、谁在大城市上大学、谁去大城市就业四个方面的问题，一以贯之关注的主要是出生地这个变量，回答"是否影响""怎样影响"这两个问题。各个地区由于资源富集程度的不同，存在不同的影响，这一点如何通过学术研究来呈现是本书的贡献。

改革开放四十多年来，尤其是20世纪末以来，我国城镇化进程迅猛，城市聚集效应明显，以大城市为增长动力的圈层式发展格局逐渐显现出来。随着不同规模城市之间发展差距的逐渐拉大，公众和学者开始采用一、二、三、四线城市的说法对城市进行归类，用以指代城市之间发展层次的差别。这说明我国的区域发展差异有了新的表现形式，不仅体现在城乡差异上，还体现在城市、城镇之间。本书以地域层级分化来定义这种差异，指不同地域因社会资源富集程度不同而产生的层化或差异现象，它反映了包括经济、文化、社会公共服务等多方面在内的总体性差异，体现为"政治经济社会区域体"之间的综合性分化。由于层级高的地域聚集了更多优质的社会公共资源，包括教育资源，这可能使得生活在其中的个人在获得高等教育机会上占有优势。

为论证地域层级视角的合理性,本书初步说明了地域对个人社会资源获得情况的影响。首先在各个层级中选出代表性城市,以二手数据呈现出不同层级地域的发展差距。通过经济、民生和文化领域相关数据的比较,我们可以看出地域差异的综合性。我国地域层级这种综合性分化的形成,经历了较长一段时间的转变,本书通过三个时期的比较,对地域发展过程进行简要概括。第一个时期为中华人民共和国成立后的一二十年间。国家在这一时期实行"全国一盘棋"的发展战略,通过计划经济划分城乡户籍。这一时期的特点是城乡之间的差异较大,但城乡内部社会资源分配的均等化程度较高。第二个时期为改革开放初期,在这一时期乡镇工业兴起,自下而上的改革使农村和小城镇最先挣脱旧体制的束缚。相比于大城市,农村和小城镇较早迸发出活力。第三个时期为20世纪末以来。这一时期中国加快推进城镇化进程,大城市发展潜力被激发,劳动力、资本等大规模涌入大城市,大城市的优势地位及地域层级分化格局逐渐形成。

地域层级分化现象是本书侧重从地域角度考察教育获得,并将出生地作为关键变量来解释高等教育机会获得差异的主要原因。由于大城市的地域优势不仅体现在大学生的出生地,还体现在其就学地和就业地,所以本书对教育机会的考察内容较已有研究有所扩大,具体拆解为四个问题:①出生地对大学生高等教育就学地选择的影响,即个人去哪上大学;②出生地对优质高等教育机会的影响,即谁获得优质高等教育入学机会;③出生地对大城市就学机会的影响,即谁在大城市上大学;④出生地对大城市就业机会的影响，即谁去大城市就业。通过对调查数据和访谈资料的分析和解读，本书证明了贯穿大学生教育获得过程的出生地效应。

第一，大学生对高等教育就学地的选择存在出生地效应，出生地影响大学生对各就学影响因素的重视程度。具体来说，出生地层级越低的学生，在选择就学地时受父母的影响越小，而受亲友、师长等社会关系网络的影响越大。相较于出生地层级高的学生，出生地层级低的学生在就学选择时更看重职业发展前景，也就是对高等教育所持的工具性期待更高。出生地层级低的学生在就学选择时受到的限制更多，包括经济条件限制、语言限制等，他们在选择就学地时更在意生活成本和学费，并且倾向于选择回家方便和语言相通的城市就学。

第二，优质高等教育入学机会的获得存在出生地效应，这说明出生地是造成入学机会差异的原因之一。以往有关教育机会获得的研究大多将教育机会等同于入学机会，重点分析家庭背景的影响。本书关于优质高等教育入学机会的研究结论与现有研究结论一致，即学生的家庭经济资本、父亲文化资本、父亲职业地位越有优势，上重点大学的机会越大。在此之外，发现学生的出生地层级越高，上重点大学的机会越大，入学机会上的出生地效应得以证实。

第三，大城市就学机会的获得存在出生地效应，且相较于家庭背景，出生地更能解释大城市就学机会的差异化分布。出生地是个人教育地域流动的起始点，出生地的优势越大，大学生去往更高层级城市就学的机会也越大。家庭背景各因素也影响大城市就学机会的获得，但主要通过间接途径产生影响。具有家庭背景优势的学生，获得优质高等教育入学机会的概率更大，由于重点大学在大城市的聚集，他们也更可能进入大城市就学。我国高等教育资源的地域分布特点，是这一影响链条中的重要一环。另外，高等教育招生考试的制度环境、就学对大学生的意义等都影响学生是否选择在大城市就学。

第四，大城市就业机会的获得存在出生地效应，大学生的家庭背景和出生地共同影响其就业地选择，且影响力具有传递性。家庭背景优势和出生地优势通过影响大学生选择高等教育就学地，间接影响大学生就业地偏好。重点大学的学生、出生于一线城市的学生、在大城市就学的学生更倾向于到更高层级的城市就业。定性研究分析显示，出生地层级较低的学生，可能在就业过程中遇到文化场域、经济场域和社会场域的位置矛盾问题，而这种矛盾容易引发其就业选择困难、流动性强等情况，不利于其在层级更高的城市发展。

通过上述四个方面的分析，本书证实了在地域层级分化的格局中，个人教育获得的出生地效应。实际上，不仅是地域层级分化在影响个人的就学和就业，众多青年大学生的个人选择也在重新塑造地域发展的前景。本书从个人和地域两个层面分析高等教育与地域层级的关系，将其总结为双重优势再生产。对个人而言，出生地层级越高，越有可能在重点大学和大城市就学，也就越有可能在大城市就业，这说明个人的出生地优势通过高等教育的起点和结果实现优势再生产。对城市而言，一般来说地域层级优势越大，其高等教育资源越密集，能够提供的职业机会也越多，就有利于吸引大学生前来就学和就业，扩大青年人才储备。高校能够在科技创新、人才聚集等方面助力所在地域优势的再生产。

那么出生地效应为何存在？附着于地域上的层级化的资源分布格局是如何形成的？在总结地域层级与高等教育机会的关系之后，本书尝试从政府、市场、社会角度分析了形成地域层级分化格局的制度性原因。研究发现，行政等级和财税体制导致不同地域的发展权差异，使行政等级高的地域将行政优势转化为市场要素优势和社会资源优势。行政力量是地域层级形成的主导性、基础性因素，市场在地域层级分化中起循环累积作用。不同地域市场规模优势得以累积的基础既有来自行政优势转化而来的市场要素优势，也有自身区位优势。社会机制通过社会职业机构和社会资源共享群体强化了地域层级分化格局。行政主导、市场累积和社会强化是地域层级的形成机制。

随着我国新型城镇化战略和乡村振兴战略的实施，中小城市和小城镇正在积极进行体制创新，通过城乡融合发展、特色小镇建设等释放出发展活力，逐步改善在地域层级分化格局中的资源弱势地位。《"十四五"新型城镇化实施方案》提出，"加快构建新发展格局，以推动城镇化高质量发展为主题，以转变城市发展方式为主线，以体制机制改革创新为根本动力……，完善以城市群为主体形态、大中小城市和小城镇协调发展的城镇化格局"。习近平总书记在党的二十大报告中指出"促进区域协调发展，深入实施区域协调发展战略、区域重大战略、主体功能区战略、新型城镇化战略，优化重大生产力布局，构建优势互补、高质量发展的区域经济布局和国土空间体系。着力推进城乡融合和区域协调发展，推动经济实现质的有效提升和量的合理增长。"实施区域协调发展战略是新时代国家重大战略，是推进中国式现代化的重要动能。可以预见，在国家推进高质量发展的进程下，未来的地域发展格局将进一步优化，成为解决新时代人民日益增长的美好生活需要和解决中国经济发展中不平衡不充分问题的重要途径。

就本书所聚焦的大学生教育机会获得而言，城乡融合和区域协调发展能够使基础教育资源和高等教育资源的配置更加均衡，能够抑制出生地效应对大学生教育获得的影响，使来自不同地域的大学生获得更加平等的教育和发展机会。正如党的二十大报告所指出的，"当代中国青年生逢其时，施展才干的舞台无比广阔，实现梦想的前景无比光明。"在建设社会主义现代化强国的进程中，高质量教育体系建设将进一步促进教育公平，为社会流动注入更大的活力，为个人实现梦想提供更广阔的舞台，使全体人民共享中国式现代化的丰硕成果。

参考文献

包永江,1983,《我国的社队企业和城乡协调发展》,《农业经济》第 S1 期。

鲍磊,2014,《社会学的传记取向:当代社会学进展的一种维度》,《社会》第 5 期。

布迪厄、华康德,1998,《实践与反思——反思社会学导引》,李猛、李康译,中央编译出版社。

布鲁雅,瓦尼,2018,《logit 与 probit:次序模型和多类别模型》,张卓妮译,上海人民出版社。

蔡昉、都阳,2003,《转型中的中国城市发展——城市层级结构、融资能力与迁移政策》,《经济研究》第 6 期。

蔡禾,2006,《城市社会学:理论与视野》,中山大学出版社。

曹妍、张瑞娟,2016,《我国一流大学的入学机会及其地区差异:2008-2015》,《华东师范大学学报》(教育科学版)第 4 期。

陈东林,2014,《邓小平三线建设思想研究》,《开发研究》第 6 期。

陈洪捷、马莉萍,2013,《流动与收入:基于我国大学毕业生的实证研究》,《教育学术月刊》第 10 期。

陈淮, 2016, 《房地产市场: 城市的分化与政策调控》, 《企业家日报》 5 月 20 日, 第 W01 版。

陈若芳、李碧珍, 2018, 《我国城市宏观级差地租区域分化及影响因素研究——基于 2007 - 2016 年面板数据的实证分析》, 《福州党校学报》 第 6 期。

陈淑云、唐将伟, 2014, 《公共服务供给不均等加剧了国内房价分化吗？——基于我国 286 个地级及以上城市面板数据的实证》, 《经济体制改革》 第 4 期。

陈文元, 2019, 《文字、遗迹与习俗: 土司制度与文化场域》, 《大理大学学报》 第 1 期。

陈向明, 2000, 《质的研究方法与社会科学研究》, 教育科学出版社。

陈新忠, 2014, 《高等教育与社会公平研究——基于分流施教与和谐互动视角》, 人民出版社。

程盟超, 2018, 《教育的水平线》, 《冰点周刊》 12 月 12 日, 第 9 版。

程猛、康永久, 2018, 《从农家走进精英大学的年轻人: "懂事" 及其命运》, 《中国青年研究》 第 5 期。

程猛, 2018, 《农村出身: 一种复杂的情感结构》, 《青年研究》 第 6 期。

程猛、史薇、沈子仪, 2019, 《文化穿梭与感情定向——对进入精英大学的农家子弟情感体验的研究》, 《中国青年研究》 第 7 期。

丛玉飞、任春红, 2020, 《家庭阶层差异与高等教育地位获得——一种历史视角的解读》, 《高教探索》 第 6 期。

崔文佳，2018，《挤掉 GDP 水分是高质量发展应有之意》，《北京日报》1 月 17 日，第 3 期。

戴胜利、李霞、王远伟，2015，《高等教育资源配置能力综合评价研究》，《教育发展研究》第 9 期。

董昊，2018，《变与不变：改革开放初期的农村改革》，《党史与文献研究》第 6 期。

董泽芳、王卫东，2011，《我国高等教育过程公平研究的回顾与思考》，《学术论坛》第 10 期。

杜金华、陈治国，2018，《土地财政依赖对城市扩张的影响》，《财经科学》第 5 期。

杜政清，1996，《美国现代城市体系的基本特点、发展趋势及其启示》，《外国经济与管理》第 12 期。

樊明成，2008，《我国高等教育入学机会的城乡差异研究》，《教育科学》第 1 期。

方长春、风笑天，2018，《社会出身与教育获得——基于 CGSS70 个年龄组数据的历史考察》，《社会学研究》第 2 期。

冯军旗，2011，《中县"政治家族"现象调查》，《南方周末》9 月 1 日，第 B9 版。

付蔷、沙垚，2018，《从文化反哺到底层污名——建国以来的城乡关系与"小镇青年"叙事衍变》，《新闻界》第 6 期。

傅明、肖艳丽，2005，《"万元户"的变迁》，《广西党史》第 1 期。

高潇怡、刘俊婷，2009，《论混合方法在高等教育研究中的具体应用——以顺序性设计为例》，《比较教育研究》第 3 期。

高岳涵，2017，《西北少数民族大学生就业问题探讨》，《中南民族大学学报》（人文社会科学版）第3期。

葛琛佳，2011，《论女大学生就业指导中开展思想政治教育的重要意义》，《当代教育理论与实践》第3期。

葛玉好、邓佳盟、张帅，2018，《大学生就业存在性别歧视吗？——基于虚拟配对简历的方法》，《经济学》第4期。

宫留记，2009，《高等教育：社会再生产的工具——布迪厄对法国当代教育制度的批判》，《比较教育研究》第4期。

顾善慕，2006，《论地方政府对地方企业的财政补贴问题》，《学术交流》第11期。

顾云、董亚宁，2018，《知识溢出、高校创新投入与经济增长——基于包含创新部门的新经济地理增长模型及检验》，《科技管理研究》第17期。

郭冬梅，2007，《地域"出身"现象对当代大学生的影响》，《山东省青年管理干部学院学报》第1期。

国务院发展研究中心"中国民生调查"课题组，2016，《"新三座大山"调查——基于对8省12714份入户问卷的分析》，《决策》第12期。

Hamilton, Lawrence C., 2017，《应用STATA做统计分析（第八版）》，巫锡炜、焦开山、李丁等译，清华大学出版社。

韩剑、郑秋玲，2014，《政府干预如何导致地区资源错配——基于行业内和行业间错配的分解》，《中国工业经济》第11期。

韩翼祥，2007，《中国大学生的就业决策和职业期望——以浙江省为例》，《中国人口科学》第3期。

郝大海，2007，《中国城市教育分层研究（1949-2003）》，《中国社会科学》第 6 期。

何成军，1997，《德国小城市（镇）财政管理体系》，《中国财政》第 5 期。

何渊，2006，《上海市大学生就业取向与就业心理状况分析报告》，《中国青年研究》第 1 期。

何仲禹、翟国方，2015，《我国大学生就业城市选择意愿及其影响因素分析》，《人文地理》第 2 期。

河南大学就业创业指导中心，2019，《河南大学 2018 届毕业生就业质量年度报告》，http://job.henu.edu.cn/module/news-detail/id-25825/nid-1005，最后访问日期：2020 年 3 月 10 日。

胡范铸、胡亦名，2018，《作为"事件"的流行语与中国"十字架身份体系"的崩裂》，《江西师范大学学报》（哲学社会科学版）第 5 期。

胡谱忠，2016，《小镇青年、粉丝文化——当下文化消费中的焦点问题》，《文艺理论与批评》第 4 期。

黄兢，2018，《我国大学生跨地区就业流动的影响因素分析》，《中国高教研究》第 4 期。

黄雨恒、史静寰，2018，《教育、出身与政策：少数民族大学生入学机会的分配机制研究》，《华东师范大学学报》（教育科学版）第 4 期。

吉登斯，安东尼，1998，《社会的构成》，李猛、李康译，生活·读书·新知三联书店。

江艇、孙鲲鹏、聂辉华，2018，《城市级别、全要素生产率和资源错配》，《管理世界》第 3 期。

蒋尉，2015，《德国"去中心化"城镇化模式及借鉴》，《国家行政学院学报》第5期。

教育部，2020，《2019年全国教育事业发展统计公报》，http://www.moe.gov.cn/jyb_sjzl/sjzl_fztjgb/202005/t20200520_456751.html，最后访问日期：2020年5月21日。

金田林，2017，《城市规模分布与区域经济增长：理论与经验证据》，博士学位论文，西北大学经济管理学院。

卡斯特尔，曼纽尔，2019，《权力社会学》，《国外社会科学》第1期。

赖德胜、吉利，2003，《大学生择业取向的制度分析》，《宏观经济研究》第7期。

李成，2013，《日本城市化对我国的启示》，《中国财经报》9月14日，第6版。

李春玲，2009，《教育地位获得的性别差异——家庭背景对男性和女性教育地位获得的影响》，《妇女研究论丛》第1期。

李春玲，2010，《高等教育扩张与教育机会不平等——高校扩招的平等化效应考察》，《社会学研究》第3期。

李春玲，2014，《"80后"的教育经历与机会不平等——兼评〈无声的革命〉》，《中国社会科学》第4期。

李春玲，2019，《我国阶级阶层研究70年：反思、突破与创新》，《江苏社会科学》第6期。

李春玲，2020a，《我国青年价值观变迁研究的多重理论视角》，《青年探索》第6期。

李春玲，2020b，《代际社会学：理解中国新生代价值观念和行为模式的独特视角》，《中国青年研究》第11期。

李春玲，2020c，《疫情冲击下的大学生就业：就业压力、心理压力与就业选择变化》，《教育研究》第 7 期。

李春玲、郭亚平，2021，《大学校园里的竞争还要靠"拼爹"吗？——家庭背景在大学生人力资本形成中的作用》，《社会学研究》第 2 期。

李春玲，2021，《教育发展的新征程：高质量的公平教育》，《青年研究》第 2 期。

李春青、杨锋、杨洁、王春露，2016，《德国城市可持续发展与标准化》，《标准科学》第 8 期。

李丁，2018，《过程多维性与出路阶层化：中国大学教育的公平性研究》，《社会》第 3 期。

李家伟、刘贵山，2007，《当代西方人口迁移与流动的理论、模式和假说述评》，《新学术》第 5 期。

李亮，1996，《论我国工资制度的沿革及发展趋向》，《昌潍师专学报》（社会科学版）第 3 期。

李璐颖，2013，《城市化率 50% 的拐点迷局——典型国家快速城市化阶段发展特征的比较研究》，《城市规划学刊》第 3 期。

李澎、刘若阳、李健，2016，《中国城市行政等级与资源配置效率》，《经济地理》第 10 期。

李强、陈振华、张莹，2015，《就近城镇化与就地城镇化》，《广东社会科学》第 1 期。

李强等，2013，《多元城镇化与中国发展——战略及推进模式研究》，社会科学文献出版社。

李强，1996，《脑体倒挂与我国市场经济发展的两个阶段》，《社会学研究》第 6 期。

李强，2006，《公平与公正概念辨析》，《探索与争鸣》第 4 期。

李强，2011，《社会分层十讲（第二版）》，社会科学文献出版社。

李强，2012，《社会分层与社会空间领域的公平公正》，《中国人民大学学报》第 1 期。

李强，2013，《中国在社会分层结构方面的四个试验》，《马克思主义与现实》第 2 期。

李强，2021，《共同富裕的核心议题与基础条件》，《探索与争鸣》第 11 期。

李强、孙亚梅，2018，《去哪上大学？——高等教育就学地选择的影响因素研究》，《清华大学教育研究》第 6 期。

李强、王昊，2014，《中国社会分层结构的四个世界》，《社会科学战线》第 9 期。

李铁，2012，《推进城镇化改革应尊重规律》，《现代物业》第 12 期。

李铁，2013，《城镇化关键在于城市发展权的平等》，《中国县域经济报》6 月 6 日，第 1 版。

李维森，1987，《试论乡镇企业产生和发展的必然性》，《辽宁教育学院学报》第 4 期。

李仙，2017，《改革开放以来区域发展差距的演变和调控对策》，《宏观经济管理》第 7 期。

李毅震，2016，《国外城镇化中城市规模结构演化经验及借鉴——基于德、美、日、巴西的历史考察》，《宏观经济》第 21 期。

李玉琼、程莹，2015，《学生使用大学排名进行择校的原因与行为研究——基于上海四所"985"高校毕业后出国留学的学生调查》，《清华大学教育研究》第 1 期。

李泽、王刚，2012，《教育混合研究方法》，《高等教育》第 7 期。

廉思，2011，《"蚁族"身份认同研究》，《社会科学家》第 12 期。

廉思，2014，《从"蚁族"现象看高等教育公平》，《同舟共进》第 2 期。

廉思、冯丹、芦垚，2016，《当前我国新社会阶层的特征分析、杠杆作用以及工作思考——关于新社会阶层的调研报告》，《中国青年研究》第 11 期。

廉思、刘洁，2019，《基于理性选择理论的"蚁族"居留意愿研究——来自北京市的实证调查》，《人文地理》第 1 期。

廉思、张琳娜，2011，《转型期"蚁族"社会不公平感研究》，《中国青年研究》第 6 期。

廉思、周媛，2019，《文化新阶层的群体特征、社会功能与发展趋势研究——基于北京、上海、成都三地的实证调研》，《中国青年研究》第 1 期。

梁琦、陈远强、王如玉，2013，《户籍改革、劳动力流动与城市层级体系优化》，《中国社会科学》第 12 期。

刘长庚，2007，《日本城市化问题及带给我们的启示》，《决策管理》第 9 期。

刘昊、潘昆峰，2016，《中国大学生就学省际迁移模式研究》，《中国人口科学》第 1 期。

刘精明，2005，《国家、社会阶层与教育：教育获得的社会学研究》，中国人民大学出版社。

刘精明，2007，《扩招时期高等教育机会的地区差异研究》，《北京大学教育评论》第 4 期。

刘精明，2014，《能力与出身：高等教育入学机会分配的机制分析》，《中国社会科学》第 8 期。

刘世雄、卢泰宏，2006，《中国区域消费差异的二维研究》，《市场营销》第 1 期。

刘天元，2019，《回得去的故乡："新县城青年"择业行为与偏好的再认识》，《中国青年研究》第 2 期。

刘雅晶，2014，《城镇化背景下农民工子女教育移民问题研究》，硕士学位论文，江西师范大学教育学院。

刘远杰，2018，《场域概念的教育学建构》，《教育学报》第 6 期。

刘自团，2012a，《我国不同家庭文化背景大学生择校差异研究》，《高教探索》第 5 期。

刘自团，2012b，《我国不同社会阶层大学生的择校差异研究》，《东南学术》第 2 期。

刘自团，2012c，《我国城乡大学生择校差异的实证研究》，《教育与考试》第 2 期。

卢姗、王琼，2007，《来沪就读本科生地域流动与中国的地区平衡——大学生就业地选择的调查与思考》，《中国青年研究》第 4 期。

卢泰宏、刘世雄，2004，《区域差异的消费行为研究：路径与方法》，《中山大学学报》（社会科学版）第 2 期。

伦斯基，格尔哈斯，1988，《权力与特权：社会分层的理论》，关信平、陈宗显、谢晋宇译，浙江人民出版社。

罗尔斯，约翰，2003，《正义论》，何怀宏等译，中国社会科学院出版社。

马莉萍、卜尚聪，2020，《多元招生录取背景下的公平性研究：家庭背景如何影响学生进入重点大学？》，《教育经济评论》第 2 期。

马莉萍、卜尚聪、叶晓阳，2021，《新高考改革对"双一流"建设高校生源质量的影响——基于 2014—2020 年浙江省录取数据的实证研究》，《中国高教研究》第 1 期。

马莉萍、董璐，2015，《逃离还是北漂？——高校毕业生落户北京政策与毕业生的就业选择》，《教育与经济》第 3 期。

马莉萍，2009，《西方国家大学毕业生就业流动的研究：借鉴与启示》，《教育学术月刊》第 10 期。

马莉萍，2015，《流动与工作匹配》，《复旦教育论坛》第 2 期。

马莉萍，2020，《高校扩招以来大学生的流动状况》，中国社会科学出版社。

马莉萍、刘彦林，2018，《大学教育如何促进地区代际流动？——对大学生生源地、院校地和就业地城市级别的实证研究》，《华东师范大学学报》（教育科学版）第 5 期。

马莉萍、潘昆峰，2013，《留还是流？——高校毕业生就业地选择与生源地、院校地关系的实证研究》，《清华大学教育研究》第 5 期。

马莉萍、岳昌君、闵维方，2009，《高等院校布局与大学生区域流动》，《教育发展研究》第 23 期。

马莉萍、岳昌君，2011，《我国劳动力市场分割与高校毕业生就业流向研究》，《教育发展研究》第 3 期。

马万华，2005，《中国女性高等教育发展的历史、现状与问题》，

《教育发展研究》第 3 期。

马歇尔,T.,2007,《福利的权利及再思考》,载郭忠华、刘训练主编《公民身份与社会阶级》,江苏人民出版社。

马休尼斯,约翰、帕里罗,文森特,2016,《城市社会学——城市与城市生活(第 6 版)》,姚伟、王佳等译,中国人民大学出版社。

马裕祥,1991,《联邦德国的区域规划与城市规划体系》,《经济地理》第 4 期。

马中红,2015,《青年亚文化研究年度报告(2014)》,清华大学出版社。

倪鹏飞,2017,《中国城市竞争力报告 No.15——房价体系:中国转型升级的杠杆与陷阱》,中国社会科学出版社。

年猛、王垚,2016,《行政等级与大城市拥挤之困——冲破户籍限制的城市人口增长》,《财贸经济》第 11 期。

聂玮,2014,《社会分层背景下大学生个体择业观差异分析》,《河北大学学报》(哲学社会科学版)第 2 期。

"女大学生就业状况与问题调研"课题组,2018,《新形势下女大学生就业的状况、问题与对策》,《妇女研究论丛》第 2 期。

帕克、伯吉斯、麦肯齐,2012,《城市社会学——芝加哥学派城市研究》,宋俊岭、郑也夫译,商务印书馆。

潘昆峰、马莉萍,2013,《央属高校跨省招生名额分配行为研究》,《高等工程教育研究》第 6 期。

潘懋元、谢作栩,2001,《试论从精英到大众高等教育的"过渡阶段"》,《高等教育研究》第 2 期。

齐讴歌、白永秀，2018，《"以地谋发展模式"如何加剧了区域分化》，《现代经济探讨》第4期。

《前线》社论，1960，《进一步贯彻"全国一盘棋"的思想》，《前线》第18期。

乔锦忠，2007，《优质高等教育入学机会分布的区域差异》，《北京师范大学学报》（社会科学版）第1期。

桥川健祐，2017，《日本大城市与中山间地域的地域福利：现状、议题、展望》，《社会政策研究》第6期。

桑德斯，彼得，2011，《空间、城市与城市社会学》，载格利高里、德雷克、厄里，约翰主编《社会关系与空间结构》，谢礼圣、吕增奎等译，北京师范大学出版社。

沈悦，2004，《日本的城市化及对我国的启示》，《现代日本经济》第1期。

宋佳，2016，《80年代万元户：品味先富起来的日子》，《农村农业农民》第8A期。

宋泽，1959，《从"全国一盘棋"的原则谈平衡、控制、协作和调节的问题》，《理论战线》第6期。

孙方明、白若冰，1983，《社队企业与区域农村发展——江苏浙江部分地区社队企业调查》，《农业经济丛刊》第1期。

孙凯、张劲英，2013，《中国研究型大学新生择校影响因素实证分析——以某"985工程"高校2009级新生为例》，《中国人民大学教育学刊》第2期。

孙祥，2011，《大学生就业区域流向及引导策略研究》，博士学位论文，合肥工业大学管理学院。

孙秀林、周飞舟，2013，《土地财政与分税制：一个实证解释》，

《中国社会科学》第 4 期。

覃一冬、张先锋，2014，《空间集聚会扩大地区收入差距吗》，《当代财经》第 5 期。

唐权，2017，《混合案例研究法：混合研究法在质性－实证型案例研究法中的导入》，《科技进步与对策》第 12 期。

陶聪、陆昭明、李佳芯，2018，《我国不同行政等级城市发展力差距特征与规律研究》，《小城镇建设》第 11 期。

田晶，2013，《高等教育公平研究》，中国水利水电出版社。

田庆立、宋志艳，2011，《日本城市化的特点及对我国的启示》，《环渤海经济瞭望》第 8 期。

王处辉，2020，《警惕教育发展中的"马太效应"》，《人民论坛》第 Z1 版。

王处辉、李娜，2007，《当前我国高等教育过程中的不平等研究——基于对某高校农村学生群体的调查》，《清华大学教育研究》第 4 期。

王处辉、梁官宵，2019，《农村社会子代阶层向上流动对父代社会资本再生产的作用——基于多案例的实证研究》，《河北学刊》第 5 期。

王处辉、余晓静，2004，《从填报高考志愿看城市家庭的代际关系和教育问题——2003 年高考考生、家长填报志愿情况调查报告》，《高等教育研究》第 1 期。

王海迪，2018，《院校出身、科研能力与学术激情——申请考核生与普通招考生的比较研究》，《教育发展研究》第 9 期。

王家乾，2016，《三线建设：跌宕五十年》，《中国工业评论》第 1 期。

王莉,2018,《日本城市化进程、特点及对中国的经验借鉴》,《安徽农业科学》第 15 期。

王禄英,1983,《农村专业户的现实意义及其发展方向》,《农村金融研究》第 S2 期。

王绍光,1997,《分权的底限》,中国计划出版社。

王夏曦,2015,《弃考留学人数逐年增加,逼迫中国教育改革》,http://www.sohu.com/a/9595800_119033,最后访问日期:2018 年 11 月 20 日。

王旭,2008,《城市地域扩大,政府规模变小——20 世纪美国城市和区域发展的基本走向》,《求是学刊》第 1 期。

王垚,2015,《自然条件、行政等级与中国城市发展》,《管理世界》第 1 期。

魏后凯,2014,《中国城市行政等级与规模增长》,《城市与环境研究》第 1 期。

温星衍,1987,《发达国家城市人口规模和人口流动模式的转变》,《人口学刊》第 5 期。

温志雄,2017,《中国城镇化思想的演进和城镇化的历史、成就与问题研究》,博士学位论文,云南大学经济学院。

吴瑾、杜振中、赵晓靓、郭野,2018,《对混合研究方法在体育教学研究中应用的思考》,《青少年体育》第 11 期。

吴菊珍,2018,《高等教育资源配置对区域创新能力影响的实证研究》,《江西师范大学学报》(自然科学版) 第 3 期。

吴军、夏建中、克拉克、特里,2013,《场景理论与城市发展——芝加哥学派城市研究新理论范式》,《中国名城》第 12 期。

吴良镛,2006,《中国城市史研究的几个问题》,《城市发展研究》第 2 期。

吴志明、马秀莲，2015a，《文化转向：大学毕业生城市流动的新逻辑》，《当代青年研究》第 1 期。

吴志明、马秀莲，2015b，《流动的三种文化逻辑：解读高校毕业生大城市聚集》，《中国青年研究》第 10 期。

武永清，2017，《城市分化是一连串事件》，《太原日报》9 月 4 日，第 8 版。

夏建中，2007，《消费社会学的主要理论视角》，《郑州轻工业学院学报》（社会科学版）第 5 期。

夏建中，2010，《城市社会学》，中国人民大学出版社。

萧鸿彦，1959，《贯彻全国一盘棋的方针，实现 1959 年更大更好更全面的跃进》，《政治与经济》第 4 期。

肖富群，2017，《城乡背景对大学生初次就业结果的影响——基于全国 17 所高校 2914 名毕业生的调查数据》，《广西民族大学学报》（哲学社会科学版）第 4 期。

肖洁、卜林，2010，《高考考生择校意愿分析——基于南京工业大学 08 级新生的调查》，《中国青年研究》第 1 期。

肖静，2016，《中国一线城市与三四线城市房价走势分化的原因探究》，《生产力研究》第 10 期。

肖俊哲、辛永容，2010，《转变观念，破除 GDP 迷信》，《学理论》第 20 期。

新华社，2021，《习近平出席中央人才工作会议并发表重要讲话》，http：www.gov.cn/xinwen/2021 - 09/28/content_5639868.htm，最后访问日期：2023 年 5 月 10 日。

徐林，2018，《国家发改委徐林：未来城镇化动力来自农业转移人口的市民化》，http://baijiahao.baidu.com/s？id＝1603026996020338453wfr＝spiderfor＝pc，最后访问日期：2018年10月30日。

徐忠，2012，《周恩来领导首次工资改革》，《史海纵横》第5期。

杨建军，1997，《联邦德国城市体系发展特点及其若干问题探讨》，《经济地理》第2期。

杨江华，2014，《我国高等教育入学机会的区域差异及其变迁》，《高等教育研究》第12期。

杨善华、谢立中，2006，《西方社会学理论》（下卷），北京大学出版社。

杨伟民，2016，《社会权利之根据探究——从马歇尔的范式出发》，《社会学评论》第4期。

杨永恒，2006，《中国人类发展的地区差距和不协调——历史视角下的"一个中国，四个世界"》，《经济学（季刊）》第3期。

殷红霞，2003，《从"脑体倒挂"到"知识就是财富"》，《理论导刊》第11期。

于炜霞、沈蕾，2000，《服装零售业态之地区差异性的比较研究》，《上海商业》第4期。

禹丹凤、陈幸、蒋芳、周颖、王雪姣，2016，《关于"男孩危机"现象的调查研究》，《科技视界》第26期。

岳昌君，2021a，《如何稳住高校毕业生就业"基本盘"》，《中国大学生就业》第14期。

岳昌君，2021b，《从政府工作报告看2021年高校毕业生就业形势》，《中国大学生就业》第7期。

岳昌君、白一平，2018，《2017年全国高校毕业生就业状况实证研究》，《华东师范大学学报》（教育科学版）第5期。

岳昌君，2011，《大学生跨省流动的特点及影响因素分析》，《复旦教育论坛》第2期。

岳昌君，2014，《高校毕业生跨省流动的性别比较》，《教育与经济》第1期。

岳昌君，2018，《高校毕业生就业状况的城乡差异研究》，《清华大学教育研究》第2期。

岳昌君、黄思颖、万文慧，2016，《高校毕业生为什么青睐在大中城市就业——基于2015年全国高校毕业生抽样调查数据的实证分析》，《教育学术月刊》第7期。

岳昌君、李欣，2016，《高校毕业生跨省流动的特征分析》，《教育与经济》第4期。

岳昌君、邱文琪，2020，《规模扩大与优质高等教育入学机会均等化》，《高等教育研究》第8期。

岳昌君、邱文琪，2021，《面向2035的我国高等教育规模、结构与教育经费预测》，《华东师范大学学报》（教育科学版）第6期。

岳昌君、夏洁、邱文琪，2020，《2019年全国高校毕业生就业状况实证研究》，《华东师范大学学报》（教育科学版）第4期。

岳昌君，2020，《疫情对高校毕业生就业的影响》，《中国大学生就业》第6期。

岳昌君、周丽萍，2017，《中国高校毕业生就业趋势分析：2003-2017年》，《北京大学教育研究》第4期。

臧雷振，2016，《政治社会学中的混合研究方法》，《国外社会科学》第4期。

曾鹏、秦艳辉，2017，《城市行政级别、产业集聚对外商直接投资的影响》，《国际贸易问题》第1期。

张昊，2017，《农村低保评审乱象的成因及治理》，《中国农村观察》第1期。

张红霞，2019，《场域变迁与规则重构：新生代农民工人际交往的微观机理》，《中国青年社会科学》第1期。

张静、王琳，2013，《成思危：经济发展应挤掉GDP三大水分》，《第一财经日报》3月20日，第A4版。

张琦、吴克明，2017，《大学生就业地区选择分析——基于教育收益视角》，《中国高校科技》第1期。

张全景，2016，《毛泽东与三线建设——一个伟大的战略决策》，《世界社会主义研究》第1期。

张锐，2017，《行政级别对城市发展的影响研究——基于中国地级及其以上城市面板数据分析》，硕士学位论文，郑州大学公共管理学院。

张学良、李培鑫，2014，《城市群经济机理与中国城市群竞争格局》，《探索与争鸣》第9期。

张毅、肖湘，1983，《中国社队企业》，《农业经济》第S1期。

赵奉军，2018，《德国样板、城市体系极化与房价稳定两难》，《中国房地产》第16期。

赵晶晶、盛玉雪，2014，《高校毕业生的流动路径及其对区域人才政策的启示》，《教育发展研究》第23期。

赵蕾、王国梁，2016，《日本当代城市化发展分析及对我国的启示》,《安徽农业科学》第 32 期。

赵霞、孙宏艳,2019,《小镇青年群体特点及对共青团工作的启示》,《中国青年社会科学》第 2 期。

赵毅博,2019,《中国高校扩招对城乡青年人口迁移的影响》,《人口学刊》第 4 期。

郑杭生,2003,《社会学概论新修(第三版)》,中国人民大学出版社。

中国政府网,2007,《中华人民共和国行政区划(2002 年)》,ht-tp://www.gov.cn/govweb test/2007 - 03/23/content_ 559272. htm,最后访问日期:2023 年 5 月 10 日。

周飞舟,2010,《大兴土木:土地财政与地方政府行为》,《经济社会体制比较(双月刊)》第 3 期。

周飞舟,2006,《分税制十年:制度及其影响》,《中国社会科学》第 6 期。

周国强,1987,《乡镇企业大发展与中国城乡格局》,《理论学习》第 S2 期。

周骏宇、李元平,2010,《人口流动视角下大学生就业问题研究》,《教育发展研究》第 11 期。

周荣荣,2019,《应届大学生就业创业情况调研报告——以江苏省为例》,《调研世界》第 1 期。

周幼曼,2014,《推进人口城镇化的财税体制改革研究》,《经济与管理评论》第 4 期。

朱迪、陈蒙,2021,《城市中产家庭的子女品味培养与文化资本再生产》,《社会科学》第 4 期。

朱迪,2012,《混合研究方法的方法论、研究策略及应用——以消费模式研究为例》,《社会学研究》第 4 期。

朱迪,2020,《"互联网+疫情"背景下的青年生活方式及未来影响》,《青年探索》第 2 期。

朱民强,2013,《"总体布局"视域下毛泽东三线建设研究》,《学术探索》第 2 期。

Alm, J., and Winters, J. V., 2009. "Distance and Intrastate College Student Migration." *Economics of Education Review* 28 (6): 728–738.

Arbo, P., 2007. "Understanding the Regional Contribution of Higher Educations: a Literature Rreview." *OECD Education Working Papers* (9): 1, 3–4, 7–76.

Betts, J. R., 1999. "The Determinants of Undergraduate Grade Point Average: The Relative Importance of Family Background." *The Journal of Human Resources* 34 (2): 268–293.

Bowen, William G., Kurzweil, Martin A., and Tobin, Eugene M., 2005. *Equity and Excellence in American Higher Education*. Charlottesville: University of Virginia Press.

Campbell, D. T., and Fiske, D. W., 1959. "Convergent and Discriminant Validation by the Multitrait-multimethod Matrix." *Psychological Bulletin* 56 (2): 81–105.

Christie, H., 2007. "Higher Education and Spatial (im) Mobility: Nontraditional Students and Living at Home." *Environment and Planning* 39 (10): 2445–2463.

Coleman, James S., 1968. "Equality of Educational Opportunity: Reply to Bowles and Levin." *The Journal of Human Resources* 3

(2): 237 – 246.

Cooke, T. J., and Boyle, P., 2011. "The Migration of High School Graduates to College." *Educational Evaluation and Policy Analysis* 33 (2): 202 – 213.

Fries, C. J., 2009. "Bourdieu's Reflexive Sociology as a Theoretical Basis for Mixed Methods Research." *Journal of Mixed Methods Research* 3 (4): 326 – 348.

Ganong, P., and Shoag, D., 2017. "Why has Regional Income Convergence in the U. S. Declined." *Journal of Urban Economics* 102: 76 – 90.

Hesse-Biber S., 2010. "Qualitative Approaches to Mixed Methods Practice." *Qualitative Inquiry* 16 (6): 455 – 468

Heyvaert, M., Hannes, K., Maes, B., and Onghena, P., 2013. "Critical Appraisal of Mixed Methods Studies." *Journal of Mixed Methods Research* 7 (4): 302 – 327

Holdsworth, C., 2009. "'Going away to uni': Mobility, Modernity, and Independence of English Higher Education Students." *Environment and Planning* 41 (8): 1849 – 1864.

Holloway, S. L., Hubbard, P., and Jons, H., 2010. "Geographies of Education and the Significance of Children, Youth and Families." *Progress in Human Geography* 34 (5): 1 – 18.

Holton, M., and Riley, M., 2013. "Student Geographies: Exploring the Diverse Geographies of Students and Higher Education." *Geography Compass* 7 (1): 61 – 74.

Hout, Mike, Clem Brooks, and Jeff Manza., 1993. "The Persistence of Classes in Post-industrial Societies." *International Sociology* 8 (3): 259 – 277.

Jin, Y. H., Mjelde, J. W., and Litzenberg, K. K., 2014. "Economic Analysis of Job-related Attributes in Undergraduate students' initial Job Selection." *Education Economics* 22 (3): 305 – 327.

Johnson, R. B., Onwuegbuzie, A. J. and Turner, L. A., 2007. "Toward a Definition of Mixed Methods Research." *Journal of Mixed Methods Research* 1 (2): 112 – 133.

Kim, T., Horner, M. W., Marans, R. W., Horner, M. W., Marans, Cycle, R. W., and Marans, R. W., 2005. "Life Cycle and Environmental Factors in Selecting Residential and Job Locations." *Housing Studies* 20 (3): 457 – 473.

Kodrzycki, Y. K., Clayton, Matthews A., Gallin, J., Haughwout, A., Murnane, R., and Rappaport, J., 2001. "Migration of Recent College Graduates: Evidence from the National Iongitudinal Survey of Youth." *New England Economic Review* (1): 13 – 34.

Liu, Y., Shen, J., Xu, W., and Wang, G., 2017. "From School to University to Work: Migration of Highly Educated Youths in China." *Annals of Regional Science* 59 (3): 651 – 676.

Lucas, S. R., 2001. "Effectively Maintained Inequality: Education Transitions, Track Mobility, and Social Background Effects." *American Journal of Sociology* 106 (6): 1642 – 1690.

Luther, M. , and Wittenberg, U. H. , 2005. "Moving for Their First Job or Staying Put? Predictors of High School Students' Attitudes Toward Geographic Mobility. " *Journal of Applied Social Psychology* 35 (8): 1719 – 1737.

Mathews, M. , and Ryan, D. , 2017. "Early-career Work Location of Memorial University Medical Graduates: Why the Decline in Rural Practice. " *Society of Physicians of Canada* 1113 (2): 54 – 62.

Müller, W. , and Karle, W. , 1993. "Social Selection in Educational Systems in Europe. " *European Sociological Review* 9 (1): 1 – 23.

Patiniotis, J. , and Holdsworth, C. , 2005. " 'Seize that Chance!' Leaving Home and Transitions to Higher Education. " *Journal of Youth Studies* 8 (1): 81 – 95.

Pearce, L. D. , 2012. "Mixed Methods Inquiry in Sociology. " *American Behavioral Scientist* 56 (6): 829 – 848.

Pearson, M. L. , and Andres, L. , 2010. "Job Location Decisions of Pharmacy Graduates in British Columbia. " *American Journal of Pharmaceutical Education* 74 (4): 1 – 9.

Sá, C. , Florax, R. J. , and Rietveld, P. , 2004. "Determinants of the Regional Demand for Higher Education in the Netherlands: A Gravity Model Approach. " *Regional Studies* 38 (4): 375 – 392.

Shannon, Baker P. 2016. , "Making Paradigms Meaningful in Mixed Methods Research. " *Journal of Mixed Methods Research* 10

(4): 319 – 334.

Spiess, C. K., and Wrohlich, K., 2010. "Does Distance Determine who Attends a University in Germany." *Economics of Education Review* 29 (3): 470 – 479.

Sun, Yi-Fan, Pan, Kun-Feng, and He, Zhang-Li., 2020. "Intercity Migration Behavior of Chinese Graduates: from Home Region to Work Destination." *The Annals of Regional Science* 64 (1): 111 – 132.

Štefan, Rehák, and Rikard, Eriksson., 2020. "Migration of University Graduates and Structural Aspects of Regional Higher Education." *European Planning Studies* 28 (10): 1941 – 1959.

Treiman, J. D., 1970. "Industrialization and Social Stratification." *Sociological Inquiry* 40 (2): 207 – 234.

Vignoles, Anna, and Powdthavee, N., 2009. "The Socioeconomic Gap in University Dropouts." *Journal of Economic Analysis Policy* 9 (1): 19 – 39.

Yossi Shavit, and Blossfeld, H. P., 1994. "Persistent Inequality: Changing Educational Attainment in Thirteen Countries." *American Journal of Sociology* 100 (2): 573 – 575.

附录 A 调查问卷

"光明的前途"项目调查问卷[①]

感谢您同意参与"光明的前途"研究项目。本项目旨在了解大学生群体的高等教育经历以及对未来的期望。您的参与是自愿的,您的回答对理解高等教育决策以及大学生的生活学习经历具有重要意义,同时也有助于制定和修改相关政策以改善高等教育体验,促进大学生的未来发展。

本调查是在社会调查研究的学术道德规范下进行的,所有的信息都将被匿名处理,并予以保密。本调查大约需要花费您30分钟时间。如果您填答过程中需要暂离,可以直接关闭页面,下次填答时再点击邮件中的链接,即可从上次中断的地方继续填答。

为了感谢您的配合,我们准备了填答问卷的酬劳。在您完成全部学生问卷和家长问卷之后,将收到关于如何领取该项报酬的说明。

[①] 该问卷为国家自然科学基金项目"'光明的前途'——对中国学生国内和国际迁移的比较研究"完整调查问卷的摘录版,仅保留了与本书相关的问题。

□ 选择该项同意参加调查。(1)

A1 您目前就读的学位是？

○本科学位（例如，文学学士、理学学士、工学学士等）(1)

○硕士学位（例如，文学硕士、哲学硕士、理学硕士等）(2)

A2 您现在是否就读于联合培养项目（例如，2+2、3+1、1+1+1项目）？

○是 (1)

○否 (2)

A3 您的出生年月是？

○_____年

○_____月

A4 您的性别是？

○男 (1)

○女 (2)

A5 您的民族是？

○汉 (1)

○壮 (2)

○满 (3)

○回 (4)

○苗 (5)

○其他，请说明 (6) _____

A6 您上本科前的户口是什么类型？

○农业户口 (1)

○非农户口（包括集体户口） (2)

A7 您在什么地方获得高中学位？

○ _____ 省

○ _____ 市/县

A8 您所读高中的类型？

○重点高中 （1）

○非重点高中 （2）

○职高 （3）

○国际/私立高中 （4）

○外国语学校 （5）

○其他，请说明 （6）_____

A9 高中最后一个学期，您在班上的综合排名是？

○前5% （1）

○5%–20% （2）

○20%–50% （3）

○50%–80% （4）

○后20% （5）

A10 （问硕士生）您本科学校的全称是：

_____

B1 您选择在这里上大学，下列各项的影响有多大？

	完全不重要（1）	比较不重要（2）	有一点重要（3）	较为重要（4）	极为重要（5）
父母（1）	○	○	○	○	○
其他家庭成员、亲戚（2）	○	○	○	○	○
大学老师（3）	○	○	○	○	○
中学老师（4）	○	○	○	○	○

续表

	完全不重要 (1)	比较不重要 (2)	有一点重要 (3)	较为重要 (4)	极为重要 (5)
老家的朋友（5）	○	○	○	○	○
其他朋友（6）	○	○	○	○	○
专业中介机构（7）	○	○	○	○	○
教育推介会（8）	○	○	○	○	○
社交媒体（如微博、微信、论坛等）（9）	○	○	○	○	○

B2 您选择在这里上大学，是出于什么样的考虑？请对下列因素的重要性做出评价。

	完全不重要 (1)	比较不重要 (2)	有一点重要 (3)	较为重要 (4)	极为重要 (5)
增加阅历（1）	○	○	○	○	○
接触不同背景的人（2）	○	○	○	○	○
实现个人潜力（3）	○	○	○	○	○
职业发展前景（4）	○	○	○	○	○
接受国际一流教育（5）	○	○	○	○	○
与众不同（6）	○	○	○	○	○
过自己想要的生活（7）	○	○	○	○	○
离开家、父母（8）	○	○	○	○	○
融入世界（9）	○	○	○	○	○
让父母骄傲（10）	○	○	○	○	○

B3 在您决定去哪个城市上大学时，下列因素的重要性如何？

	完全不重要(1)	比较不重要(2)	有一点重要(3)	较为重要(4)	极为重要(5)
毕业后定居的可能性(1)	○	○	○	○	○
回家方便(2)	○	○	○	○	○
方言与家乡相近(3)	○	○	○	○	○
此处有亲友(4)	○	○	○	○	○
国际化程度高(5)	○	○	○	○	○
生活成本(6)	○	○	○	○	○
生活方式(7)	○	○	○	○	○
文化遗产(8)	○	○	○	○	○
当地人是否排外(9)	○	○	○	○	○
犯罪率(10)	○	○	○	○	○
气候(11)	○	○	○	○	○
教育质量(12)	○	○	○	○	○
城市发达程度(13)	○	○	○	○	○

B4 在您决定去哪个学校上大学时，下列因素的重要性如何？

	完全不重要(1)	比较不重要(2)	有一点重要(3)	较为重要(4)	极为重要(5)
学校综合排名(1)	○	○	○	○	○
学科专业排名(2)	○	○	○	○	○
该校开设合适的专业(3)	○	○	○	○	○
住宿条件(4)	○	○	○	○	○
学费(5)	○	○	○	○	○

续表

	完全不重要 (1)	比较不重要 (2)	有一点重要 (3)	较为重要 (4)	极为重要 (5)
学校助学政策（如免费师范生等）(6)	○	○	○	○	○
学校在大城市 (7)	○	○	○	○	○
社交生活 (8)	○	○	○	○	○
交通便利程度 (9)	○	○	○	○	○
学校里同乡学生多 (10)	○	○	○	○	○
是否有联合培养项目（1+3、2+2、1+1+1等）(11)	○	○	○	○	○

C1 您父亲的最高学历是？

○未受正式教育 （1）

○小学 （2）

○初中 （3）

○普通高中 （4）

○职高/技校 （5）

○中专 （6）

○大专 （7）

○本科 （8）

○硕士 （9）

○博士 （10）

○其他，请说明 （11）_____

○不知道 （12）

C2 您父母的职业是？

如果现在没有工作，请按曾从事的最后一个职业回答。

附录 A 调查问卷

	专业技术职业（如医生、工程师、教师、艺术家、会计师、护士）(1)	高级管理人员职业（如银行家、企业高管、政府官员、工会官员）(2)	办事人员（如秘书、书记员、办公室经理、簿记员）(3)	销售职业（如销售经理、店主、店员、保险代理）(4)	服务职业（如餐馆老板、警察、服务员、看守员、理发师）(5)	熟练工人（如工头、汽车修理工、打字员、工具和模具制作工、电工）(6)	半熟练工人（如瓦工、公共汽车司机、木匠、钣金工、面包师）(7)	非熟练工人（如搬运工、工厂非熟练工人）(8)	农场工人（如农民、拖拉机司机、渔民）(9)	不适用(10)	不知道(11)
父亲(1)	○	○	○	○	○	○	○	○	○	○	
母亲(2)	○	○	○	○	○	○	○	○	○	○	○

C3　您父母工作单位的类型是？

如果现在没有工作，请按曾从事的最后一个职业回答。

	政府部门(1)	教学或研究机构(2)	其他事业单位(3)	国有企业(4)	私营企业(5)	中外合资企业(6)	外资企业(7)	个体商户(8)	自由职业(9)	家族企业(10)	其他(11)	不适用(12)	不知道(13)
父亲(1)	○	○	○	○	○	○	○	○	○	○	○	○	○
母亲(2)	○	○	○	○	○	○	○	○	○	○	○	○	○

C4　包括每个居住在您父母家的家庭成员，您的家庭每年收入约是多少元（人民币）？

请尽力估计一个数值。

_____

C5　您有几个兄弟姐妹？

妹妹(1)	▼0个(1)，1个(2)，2个及以上(3)
弟弟(2)	▼0个(1)，1个(2)，2个及以上(3)
姐姐(3)	▼0个(1)，1个(2)，2个及以上(3)
哥哥(4)	▼0个(1)，1个(2)，2个及以上(3)

C6　完成当前学业后您打算做什么？

○继续学习　（1）

○工作　（2）

○什么也不做　（3）

○间隔年　（4）

○还不清楚　（5）

○其他，请说明　（6）_____

C7　毕业后您打算到什么地方工作？

○现在上学所在城市　（1）

○现在上学所在省的其他城市　（2）

○家乡　（3）

○其他，请注明　（4）_____

Trap　为了确保我们成功记录了您所有的答案，请选择列表中的"同意"选项。

○非常不同意　（1）

○不同意　（2）

○无所谓同不同意　（3）

○同意　（4）

○非常同意　（5）

我们希望在未来几年时间内，了解像您一样的大学生在职业和个人生活中的表现。您愿意成为其中一员，参与"光明的前途"项目的下一阶段研究吗？您毕业后，我们怎么联系您？请您填写您的联系方式。我们会对您提供的信息予以严格保密。

○_____

感谢您的参与！

附录B 访谈提纲

B1 在校学生访谈提纲

- **背景**

性别、年龄、是否独生子女

年级、就读高校及专业

高中所在地、家庭所在地、户口类型，目前在读学历前的就学经历

- **就学选择**

请回忆您当时选择学校的过程。

能否告诉我您为什么来到这里学习？为什么不选择其他城市呢？

在选择学习的城市和学校时您认为有哪些重要因素？

您是如何决定来这儿上学的？

在决策过程中，您获得了哪些参考和帮助？

哪些信息对您的决策非常有帮助？

您和哪些人进行了讨论？

您觉得在择校过程中有哪些重要因素？（提示：学校的地点是否重要？为什么？）

您的父母在您留学决策过程中起到什么样的角色和作用？

您是如何选择现在的学科的？为什么选择现在的学科？

- 就学经历

您现在学习怎么样？

您觉得在学习上哪方面最困难？您是如何克服学习上的困难的？

如果您在生活上遇到问题会向谁寻求帮助？

如果您在学习上遇到困难会向谁寻求帮助？

能描述一下您在这每周的生活是什么样的吗？

您觉得在这里学习生活的经历和在家学习的经历有什么相似和不同？

您觉得上大学的经历对您未来生活有什么帮助吗？

您觉得在上大学的哪些方面对您未来生活最有价值？

您觉得相比在家乡城市/外地学习，在外地/家乡上学带来的最大好处是什么？

如果您给现在正在决策上大学的人提供意见，您会说什么？

- 未来导向和目标

您觉得在这里学习生活的经历和您事先预想的是否一样？

您觉得在这里上学的经历给您带来了什么改变？哪些改变？

完成学业后的计划是？想去哪里工作？

能说说如果不受任何现实条件的限制，您未来希望做什么？

您觉得什么现实条件会阻碍您实现上述期望？

未来想要在哪里生活？

- 家庭关系

您的家人是否来这看过您？

您和家人联系频繁吗？

您多久回家一次？

您和父母无话不谈吗？

您的朋友圈向父母开放吗？为什么？

当遇到分歧时，您以自己的意见为主，还是父母的意见为主？

还有什么需要补充的吗？

B2　毕业生访谈提纲

- **背景**

性别、年龄、是否独生子女

毕业高校及专业、毕业时间，高等教育就读经历

高中所在地、家庭所在地、户口类型，高等教育前的就学经历

工作地点、工作类型、工作年限、此前工作经历

- **就学选择**

请回忆您当时选择本科学校的过程。

能否告诉我，您为什么来到那里学习？为什么不选择其他城市呢？

在选择学习的城市和学校时您认为有哪些重要因素？

您是如何决定去那所学校上学的？

在决策过程中，您获得了哪些参考和帮助？

哪些信息对您的决策非常有帮助？

您和哪些人进行了讨论？

您觉得在择校过程中有哪些重要因素？（提示：学校的地点是否重要？为什么？）

您的父母在您留学决策过程中起到什么样的角色和作用？

您是如何选择学科的？为什么选择现在的学科？

- 就学经历

您在校期间学习怎么样？

您觉得在学习上哪方面最困难？您是如何克服学习上的困难的？

如果您在生活上遇到问题会向谁寻求帮助？

如果您在学习上遇到困难会向谁寻求帮助？

能回忆一下您在学校时每周的生活是什么样的吗？

您觉得在这里学习生活的经历和在家乡学习的经历有什么相似和不同？

您觉得上大学的经历对您未来生活有什么帮助吗？

您觉得在上大学的哪些方面对您未来生活最有价值？

您觉得相比在家乡城市/外地学习，在外地/家乡上学带来的最大好处是什么？

如果您给现在正在决策上大学的人提供意见，您会说什么？

您觉得在学校里学习生活的经历和您事先预想的是否一样？

您觉得在那所大学上学的经历给您带来了什么改变？哪些改变？

- 择业过程

现在在哪里工作？

请简要介绍找工作的过程：什么时间开始的？找工作都投了哪里的简历？

找工作的时候，会选择与专业相关的工作吗？

找工作的时候问了谁的意见？

找工作的时候有没有了解一些有关城市抢人大战的人才政策？

人才政策对您考虑工作地点有影响吗？

父母最希望您从事什么工作？您听从他们的意见了吗？

有没有想过偏向找哪个地方的工作，想要离家近一些，还是远一些？为什么？

确定这份工作，最吸引您的地方在哪里？如待遇、房子优惠、地点等？

对现在工作的城市满意吗？是否有定居的打算？

找工作的时候，考虑户口和房子了吗？

在这里工作，是想长期在这个城市，还是有别的想法？

在这个城市，有没有认识的同学或亲戚，来往是否频繁？

对这份工作满意吗？

这份工作稳定吗？有没有考虑过换工作？

工作时遇到最大的挫折是什么，有没有想过退出？换一个地方？

工作之余，有没有参加同城活动，如读书会、运动之类的？

在确定就业地城市的时候，房价是不是考虑的因素？

有什么未来打算？

评价就业地所在城市。

比较家乡和就学地、就业地最大的不同。

- **家庭关系**

您的家人是否来这看过您？

您和家人联系频繁吗？

您多久回家一次？

您和父母无话不谈吗？

您的朋友圈向父母开放吗？为什么？

当遇到分歧时，您以自己的意见为主，还是父母的意见为主？

家人对您的工作满意吗？

还有什么需要补充的吗？

B3　家长访谈提纲

- **背景**

年龄、职业、教育背景等

- **就学选择**

在您孩子选学校的过程中，您参与的多吗？

您是怎么参与到这个决定中的？包括选择目的地、学校、专业？

您孩子选择去某地上学，主要的原因有哪些？

您现在觉得这个选择怎么样？

请就孩子就读的城市/大学/专业给出您的评价。

关于您孩子的学习选择，您咨询过哪些人？

您想让您的孩子学什么？您的孩子选了吗？

学费和生活费是您在选择城市、学校和专业时的一个重要影响因素吗？

支付您孩子的学习费用，对您家里的经济情况有影响吗？

您家咨询过相关机构或者教育顾问吗？

您是怎么选择问到这些人的？

您认为这些人的意见帮助大吗？

- **就学期待**

在您的印象中，您孩子在某地的生活和学习经历是怎么样的？

除去学历，您还希望您的孩子从大学中学到什么？

您最希望您的孩子具备什么样的品质？

对您孩子现在的情况，您有什么担心的吗？

您希望您的孩子将来做什么工作？在哪工作？

还有其他您想要补充的内容吗？

附录 C 访谈对象信息汇总

表 C1 被访学生信息汇总

序号	被访学生	访谈时间	性别	家庭所在地	高校所在地	高校类型	学历
1	C	2016年2月	女	中西部四线城市	东部二线城市	211大学	硕士
2	E	2016年2月	女	中西部城镇	中西部四线城市	普通大学	本科
3	G	2016年2月	女	中西部城镇	东部三线城市	211大学	本科
4	H	2016年5月	女	中西部城镇	中西部二线城市	公立学院	本科
5	I	2016年2月	女	中西部城镇	东部一线城市	普通大学	本科
6	J	2016年9月/2018年8月	女	中西部城镇	中西部三线城市	普通大学	本科
7	N	2016年9月	男	中西部农村	东部一线城市	985大学	硕士
8	O	2016年9月	男	东部四线城市	东部一线城市	211大学	硕士
9	P	2016年9月	男	中西部农村	东部一线城市	普通大学	硕士
10	Q	2016年7月/2018年8月	男	东部三线城市	中西部二线城市	私立学院	本科
11	R	2016年9月	女	中西部三线城市	中西部二线城市	普通大学	本科
12	S	2018年10月	女	东部一线城市	东部一线城市	985大学	硕士
13	T	2018年10月	男	中西部三线城市	中西部二线城市	211大学	硕士
14	U	2018年10月	男	中西部城镇	中西部二线城市	普通大学	本科
15	V	2018年10月	男	中西部农村	中西部二线城市	公立学院	本科

续表

序号	被访学生	访谈时间	性别	家庭所在地	高校所在地	高校类型	学历
16	W	2017年8月／2018年10月	女	中西部二线城市	中西部三线城市	公立学院	本科
17	X	2017年10月／2018年9月	男	中西部二线城市	东部三线城市	普通大学	本科
18	Y	2016年5月／2018年8月	女	东部农村	东部一线城市	985大学	硕士
19	Z	2016年5月／2018年8月	男	东部农村	东部一线城市	普通大学	硕士

表 C2　被访家长信息汇总

序号	被访家长	访谈时间	家庭所在地	孩子高校所在地	孩子高校类型	学历	职业
1	A母亲	2016年2月	中西部四线城市	中西部二线城市	985大学	本科	国企职工
2	B父亲	2016年2月	中西部城镇	中西部二线城市	普通大学	高中	国企职工
3	C母亲	2016年2月	中西部四线城市	东部二线城市	211大学	初中	家庭妇女
4	D父亲	2016年2月	中西部四线城市	东部一线城市	普通大学	高中	国企干部
5	E父亲	2016年2月	中西部城镇	中西部四线城市	普通大学	大专	国企职工
6	F父亲	2016年2月	中西部四线城市	中西部四线城市	普通大学	高中	国企职工
7	G母亲	2016年2月	中西部城镇	东部三线城市	211大学	初中	事业单位
8	H母亲	2016年2月	中西部城镇	中西部二线城市	公立学院	大专	国企职工
9	I母亲	2016年2月	中西部城镇	东部一线城市	普通大学	初中	个体
10	J母亲	2016年2月	中西部城镇	中西部三线城市	普通大学	高中	国企职工
11	K母亲	2016年2月	中西部城镇	东部二线城市	普通大学	高中	政府机关
12	L母亲	2016年2月	中西部四线城市	中西部三线城市	公立学院	初中	国企职工
13	M母亲	2016年2月	中西部城镇	东部二线城市	普通大学	高中	事业单位
14	Q母亲	2016年7月	东部三线城市	中西部二线城市	私立学院	高中	国企干部

续表

序号	被访家长	访谈时间	家庭所在地	孩子高校所在地	孩子高校类型	学历	职业
15	Q父亲	2016年7月	东部三线城市	中西部二线城市	公立学院	初中	自由职业
16	W父亲	2017年8月	中西部二线城市	中西部三线城市	公立学院	初中	个体

后 记

这本书是在我的博士学位论文的基础上修改而来的。2015年下半年，我进入清华大学读博不久，就加入了导师李强教授主持的国家自然科学基金国际（地区）合作与交流项目"'光明的前途'——对中国学生国内和国际迁移的比较研究"课题组。"光明的前途"项目以中国大学生的教育迁移为主题，重点关注迁移选择性、人生道路取向和期望等方面的问题。我博士期间的许多学习和工作都是围绕这个项目进行的。

由于项目研究的需要，我查阅了不少与就学流动相关的文献，发现国内的流动与迁移研究主要集中在劳动与就业领域，关于就学流动的研究并不多见。随着研究向前推进，加之我对自己高等教育就学经历的反思，我发现就学流动领域确有许多未被解答甚至未被提出的问题，我逐渐萌生了从中确定博士学位论文选题的想法。对于这个想法，李强老师和课题组的刘精明老师都给予肯定，并在我后续的研究和论文撰写过程中给予了最大的支持。

我的调查是从2016年初开始的，最初的访谈对象是在校大学生及其家长，访谈主题是高等教育选择与决策过程。通过对二十几位大学生及其家长的访谈，我发现去哪上大学并不是

"分数决定一切",而是受到诸多微观和宏观因素的共同影响。基于这些访谈资料,我撰写了一篇探索性的研究论文《家还是远方:大学生就学流动的影响因素及策略》,后来发表在期刊《当代青年研究》上。2018年,"光明的前途"项目组完成了国内大学生的问卷数据收集工作。问卷有一部分专门针对大学生就学选择,这就给了我们围绕中国大学生的就学流动选择做更全面的分析的机会。基于问卷数据,我和李强老师撰写了论文《去哪上大学?——高等教育就学地选择的影响因素研究》,发表在期刊《清华大学教育研究》上。后来,这篇文章被《新华文摘》全文转载,进一步肯定了我们进行就学流动研究的价值,也坚定了我在相关领域开展博士学位论文研究的信心。

我博士学位论文初稿的关注点在于大学生在高等教育起点和终点发生的跨省流动。博士学位论文要求有理论深度,有观点创新,但由于个人研究水平的限制,我始终没能在这一主题下找到理论对话点。大学生因为上大学和毕业发生了跨省迁移,或回到家乡省,或留在院校省,或选择了另一个的省份,然后呢?这说明了什么?如果没有理论关怀,论文就只是干巴巴的数据描述和现状呈现,缺乏研究深度。在我陷入迷茫之际,李老师高屋建瓴的指导让我茅塞顿开,他指导我将大学生在就学与就业过程中发生的空间流动置于社会流动的视域下,并且启发我在分析空间流动时融入分层的视角。他与王昊师兄合作发表在《社会科学战线》上的论文《社会分层结构的四个世界》,对中国社会结构做出了"城市—农村""中小城市—超大城市"的划分,打开了我的研究思路。我想,或许可以构建一个新的变量,对地域进行分层,将关注点从大学生的跨省流动转向大学生在不同层级地域上的流动。李老师的点拨让我的学位论文有了明确的修改方向，我最终完成了博士学位论文《优势再生产：地域层级分化与高等教育公平》，于2019年6月通过了答辩。

虽然博士学位论文完成得还算顺利，但论文出版的过程却困难重重。出版专著的要求与博士学位论文的要求有较大差异。博士学位论文侧重个人学术能力的展示，受众有限，而出版的专著面向公众，需要受到更为严苛的审视，书中的概念要准确无误，论述要客观平实，观点要有理可言、有据可依。对此，社会科学文献出版社副总编辑童根兴老师专门写过一篇文章《博士论文如何成书——一个学术出版社编辑的视角》（《出版发行研究》2019年第7期）。但是，我之前对此的理解并不透彻，导致出版走了很多弯路，前前后后修改了不下十次。最后，还是童老师给出了书稿修改的大方向和一些具体建议，我才又进行了一次全面修改，终于达到了出版要求。修改后的书稿将研究限定在了教育获得领域，通过四个具体研究问题——出生地对高等教育选择、优质高等教育入学机会、大城市就学机会以及大城市就业机会的影响，分析了教育获得的出生地效应。这样的修改在保留博士学位论文主体内容的同时，删减了一部分研究结论尚不成熟的内容，修改了部分不当的概念和表述，使得研究问题更加集中，最终成了现在呈现在读者面前的样子。

我的博士学位论文能够完成及出版，得益于许多老师的帮助。首先要感谢我的恩师李强教授。我的博士学位论文从选题到写作，每个阶段的前进，都离不开李老师的细致审阅和耐心指导。我深知自己的工作有诸多不尽如人意之处，但李老师从未出言苛责，总是耐心细致地教诲，温言鼓励。还记得我拿着粗糙的论文初稿向李老师求教时，他逐字阅读，连一个数据都不放过，返回修改的论文中，有很多对细节的标注，还"附赠"了好几大页手写的修改意见，让我感动不已。李老师用一言一行，诠释着"学高为师，身正为范"这八个字的含义。作为老师，他对学生们关爱有加，提供一切有利条件让我们成长进步；作为学者，他始终保持对社会的冷静观察，怀有对国家前途命运的关怀。我读博期间，李老师已年近古稀，但他还保持着充足的干劲，在讲台上倾注无限热情，在指导学生时认真尽责，连做问卷调研，他都坚持跟学生一起爬楼梯入户，令人钦佩。我毕业后，李老师仍十分关心我的工作和生活，并在我遇到困难时给予恳切的指导和鼓励。李老师是我求学路上的恩师，也是我人生路上的楷模。有师如此，实是人生幸事！

我要感谢清华大学社会学系诸位老师，尤其是刘精明教授的帮助。刘老师是教育社会学领域的专家，也是量化研究的专家，我在写作博士学位论文的过程中向他无数次的求教，刘老师总是耐心与我讨论，提出了许多真知灼见。对于我在"光明的前途"项目中的工作，刘老师给予充分信任，他对各项工作的严格要求，以及精深的定量分析技术，都使我受益匪浅。博士求学期间，我从王天夫教授、孙凤教授、沈原教授、郭于华教授、罗家德教授、郑路副教授、何晓斌副教授等许多老师那里领略到了清华社会学人的才高识远和人格魅力，在此向他们表示由衷的敬意。我的硕士生导师赵孟营教授，本科老师李洁教授、王宏亮讲师、李芳英讲师等经常给予我关心和鼓励。师恩难忘，在此向他们表示由衷的感谢。

依托"光明的前途"项目和李老师、刘老师的支持，我申请了国家留学基金委"2015~2016 中英联合研究创新基金博士生交流项目"，得到了去英国访学的机会。2016 年 10 月至 2017 年 10 月，我在埃塞克斯大学协助 Yasemin Soysal 教授领导的研究团队开展项目工作。Yasemin 教授曾任欧洲社会学会主席，她热情友善，是一位光芒四射的学者。在我留英期间，她毫无保留地支持我的学业，关心我的生活，总是给予我真切的鼓励，一句"Don't constrain your capacity"让我铭记至今。同时感谢英方课题组成员 Dorothee Schneider、Raluca Stroe 等的帮助，与她们的相处是一段难忘的时光，也让我收获了珍贵的友谊。

我要感谢师门众多兄弟姐妹和同窗好友，他们让我的成长之路丰富多彩。感谢李斌、李敏、王拓涵、于建明、张乃仁、张莹、陈振华、葛天任、杨艳文、谈小燕、赵娜、王昊、赵丽鹏、卢尧选、安超、刘茜等"强学会"的师兄师姐以及闫伯汉、王海宇、曹谦、沈纪等师兄师姐，他们给我许多学业、工作和生活上的帮助；感谢陈孟萍、杨春滋、谢璐、从晓、王佳宁等师门小伙伴，与他们的相处让我的求学之路充满欢乐；感谢唐伟、罗婧、闫泽华、王晓斐等同窗，他们的优秀与闪光点常激励我进步；感谢胡文芳、卢丽荣、吴珊珊、原琳琳、何阳等挚友，谢谢她们分享我的喜忧；感谢访学期间结识的周晓媛、曹羽、张肖阳、刘文通、胡洁珺、何灿霞、裴彤、赵梦瑶等可爱的朋友，他们的相伴让我留下一段美好的记忆；感谢罗振男师妹，她在本书出版的过程中毫无保留地提供了帮助……大家给予我的帮助难以尽述，还有许多人难以一一提及，谨在此一并向所有关心和帮助过我的朋友表示感谢。

我要感谢郑州轻工业大学社科处和政法学院各位领导和同事的帮助。感谢社科处周光亮处长、张雪琴副处长，他们尽力提供机会帮助我取得进步。感谢社会发展研究中心刘春兵主任、行红芳副主任，他们慷慨地为本书提供专项经费支持，始终关心出版进展，并对出版中的波折给予充分的理解和包容。感谢政法学院韩超院长、宋德涛书记，代志明副院长、栗志强副院长、刘放美副书记、张宏英主任，他们始终给予我宝贵的信任和温暖的鼓励。感谢社工系徐京波主任，他在科研和教学上给我许多指导和帮助。感谢政法学院和社工系许多同事对我的关照，有他们同行，"青椒"工作虽然辛苦，却使我乐在其中。

我还要感谢社会科学文献出版社提供的出版机会。感谢童根兴老师的大力支持，他给我指明了书稿修改方向，没有他的帮助，本书恐难与读者见面。感谢责任编辑赵娜老师的火眼金睛，帮我指出原稿中许多错漏之处，她耐心细致、认真负责，为书稿编校做出了大量辛苦的工作。很庆幸我的第一本专著在社会科学文献出版社出版，他们的高标准、严要求让我对学术更添一分敬畏。

最后，感谢我的家人。感谢父母对我毫无保留的爱和付出，他们全力托举我到更高的平台，尊重并支持我的选择，让我放心追寻自己想要的人生道路。他们一直都说我都是他们的骄傲，其实，他们更是我的骄傲。感谢爱人的鼓励，在本书出版的过程中，我经历了许多煎熬的时刻，多亏有他的安慰。感谢婆婆帮忙带娃，让我能腾出时间和精力取得事业上的进步。感谢女儿的到来，虽然她时常让我分身乏术，却让我有更大的责任和动力克服困难，努力成为她合格的榜样。

这本书的出版过程，几乎是与我的孕产和哺乳期重合的，在某种意义上，它是我另一个"孩子"。就像希望孩子成为对社会有价值的人一样，我也希望这本书能受到欢迎，体现其学术价值。当然，我深知由于本人知识水平和能力有限，这本书还有很多浅薄和不足之处，恳请读者批评指正，多提宝贵意见。

孙亚梅

2023年6月于郑州

图书在版编目(CIP)数据

出生地效应与教育获得/孙亚梅著. -- 北京:社会科学文献出版社,2023.7
ISBN 978-7-5201-3435-4

Ⅰ.①出… Ⅱ.①孙… Ⅲ.①社会结构-影响-高等教育-研究-中国 Ⅳ.①G649.2

中国国家版本馆CIP数据核字(2023)第031756号

出生地效应与教育获得

| 著　　者 / 孙亚梅

| 出 版 人 / 王利民
| 责任编辑 / 赵　娜
| 文稿编辑 / 刘靖悦
| 责任印制 / 王京美

| 出　　版 / 社会科学文献出版社·群学出版分社 (010) 59367002
　　　　　　地址:北京市北三环中路甲29号院华龙大厦 邮编:100029
　　　　　　网址:www.ssap.com.cn
| 发　　行 / 社会科学文献出版社 (010) 59367028
| 印　　装 / 三河市龙林印务有限公司

| 规　　格 / 开本:787mm×1092mm 1/16
　　　　　　印张:18 字数:201千字
| 版　　次 / 2023年7月第1版 2023年7月第1次印刷
| 书　　号 / ISBN 978-7-5201-3435-4
| 定　　价 / 118.00元

读者服务电话:4008918866

版权所有 翻印必究